歴史文化ライブラリー
464

# 墓石が語る江戸時代

## 大名・庶民の墓事情

関根達人



吉川弘文館

# 目　次

# 1 「石に刻まれた歴史」を読み解く

## 「石に刻まれた歴史」を読み解く——プロローグ

### 石に歴史を刻む

よく知られるように、江戸時代の日本は世界史的に見てもきわめて識字率が高く、庶民にまで文字が普及していたため、これまで近世史は豊富に残された古文書を中心に語られてきた。一方で、近年では絵画資料をはじめ考古資料や民具などの非文字資料にも注目が集まり、従来の古文書中心の研究が見直されている。

江戸時代には大名から庶民に至るまで多様な階層の人々が、石に自らの想いや願いを刻むことが流行し、墓石から狛犬までさまざまな石造物が作られた。ところが我が国の石造物研究は美術史から出発したため、時代が新しく美術的評価の低い近世石造物は、これまでほとんど研究対象とならなかった。また、板碑《いたび》などの中世石造物が、数少ない中世文書を補完する歴史資料として注目されてきたのに対し、古文書以上に膨大な近世石造物は、歴史資料としても未だ十分認知されていない。

江戸時代に育まれた石造物文化は明治以降も今日に至るまで引き継がれており、江戸と現代を繋ぐ歴史の経糸の一つになっている。石造物は「石に刻まれた歴史」であり、古文書や浮世絵のような「紙に書かれた歴史」、遺跡や遺物といった「大地に埋もれた歴史」、歌舞伎や落語のような「人から人へと伝えられる歴史」とともに、江戸時代を知るうえで重要な歴史資料といえる。

同じ文字資料でありながら、古文書と石造物はその内容が大きく異なる。当然のことながら、文字を記す際、紙と石とは明確に使い分けられている。つまり「紙に書かれた歴史」と「石に刻まれた歴史」は出発点からして性質が異なる。和紙に墨で文字を書くのと違って、堅い石に文字を刻むのは容易ではない。したがって古文書に比べ石造物に記された文字数は格段に少なく、情報量に乏しい。しかしその反面、余計な文字が省略されており、慎重に選ばれた一文字一文字に重要なメッセージが込められている。また、古文書の多くが個人または特定の人を対象として書かれているのに対して、野外に置かれた石造物は基本的には不特定多数の人の目に触れることを前提としている。そして何よりも紙ではなく石が選ばれた点にこそ、古文書と石造物の違いが明確に表れている。すなわち古文書が風雨・虫害・火災などで簡単に失われてしまうのに対して、石造物は野外にあっても数多《あまた》の天災・人災を乗り越え後世に残ることを期待されていたに違いない。

## 石造物の長所

これまで、歴史資料として正当な扱いを受けてこなかった近世石造物には、実は歴史資料としての長所が数多く見られる。

一点目は「原位置性」である。古文書や絵画資料が容易に移動でき、所有者も次々に変わりうるのに対して、重量のある石造物は移動に労力を要するため、設置された原位置をとどめているものが多い。

二点目は「属性の多様性」である。近世石造物の多くは文字資料でありながら、古文書と異なり、大きさ・形態・材質（石材）といった文字以外の多様な属性を有する。形態や石材を分析することで、考古遺物と同じように、石造物の製作・流通に関する議論が可能である。

三点目は「紀年銘」である。歴史資料にとって時代を特定することは基本中の基本であるが、実はこれがなかなか難しい。年号が記されていない歴史資料は、先ずはさまざまな方法でおおよその年代を推定することが求められ、その作業に多くの労力が費やされる。

その点、近世石造物には古文書以上に年号が記されている確率が高い。

四点目は「普遍性」である。近世石造物は、幕藩体制に組み込まれていた近世日本全体に広く認められる。また、近世国家の境界域に位置する蝦夷地や琉球国にも和人の進出に伴い建立されている。近世石造物は日本国内ならどこにでも存在する一方で地域性もあり、地域間の比較に適している。

五点目は「不朽性」である。当然のことだが石は木や紙などの有機質に比べ、水や火、虫害などを受けにくく、野外にあってても土や水のなかにあってさえ、長期にわたり原形を保ちうる。

六点目は「調査の容易さ」である。古文書や美術工芸品と異なり、近世石造物は基本的に野外にあるため、たいていは特別な許可を得ずとも容易に見学できる。また、身の回りの道具で調査でき、特別な調査機材を必要としない。そのうえ、ほとんどの石造物は、和歌や俳句、一部の人名などを除いて、楷書体で文字が刻まれているため、古文書と異なり特段崩し字の知識がなくとも解読可能である。

## 失われゆく墓石

多種多様な近世石造物のなかでも圧倒的に数が多いのが墓石である。

今日、多くの人が墓といえばまず初めに墓石を連想するほど、墓石は

図1　江戸時代から続く西日本最大の墓地（鳥取県琴浦町赤碕花見潟墓地，2017年筆者撮影）

我々日本人になじみ深い。墓石が全国的に普及するのは江戸時代であり、古い墓地に行けばたいていは江戸時代の墓石を目にすることができる（図1）。江戸時代に始まる我が国の墓石文化は、世界の葬墓制でも独特の位置を占めている。北は松前藩から南は鹿児島藩まで、墓石は全国各地で普遍的に見られる一方、幕藩制が及ばなかった蝦夷地や琉球国では墓石はきわめて稀であり、近世日本に特徴的な文化現象の一つといえる。

近年、一部の地域で自治体史の編纂に伴い近世石造物の調査が行われるようになってきたが、墓石はあまりに数が多いため、まだまだ自治体史のスタンダードには至っていない。また、同じ近世石造物でも全国各地に愛好者がいて専門書や専用のウェブサイトも作られている狛犬《こまいぬ》などとは異なり、墓石は私たちに最も身近な近世石造物でありながら、一般には関心が寄せられることはほとんどない。

江戸時代の墓石は最も身近な近世資料といえよう。一方で、我が国が直面している過疎化と少子化により、墓の無縁化が加速度的に進行している。縦長を基調とする日本の伝統的な墓石は地震によって倒壊しやすい。気象庁震度階級関連解説表によれば、震度五強の揺れで多くの墓石が倒れるとされている。日本では二〇一一年の東日本大震災以来、震度五強以上の地震が毎年複数発生している。実際、二〇一六年の熊本地震では熊本市内七ヶ所の市営墓地にある墓石の約六割にあたる約一万三〇〇〇基の墓石が倒壊したと伝えられる。無縁になった墓石は倒壊したまま、やがては土に埋もれていく。堅く丈夫そうに見える墓石といえども、自然の力による風化は免れない。墓石に刻まれた文字は風化により次第に失われ、やがては形状をも変えていく（図2）。苔や植物による墓石へのダメージも想像以上に深刻である（図3）。黙っていても無縁墓はいつの日か地表から消えていく運命にある。もっとも墓地が不足する都市部では、無縁となった墓石は、風化する間もなく短期間のうちに整理処分され、日々その数を減らしている。

図2　風化により痩せ細った墓石（北海道松前町内，2008年筆者撮影）

図3　樹木に飲み込まれつつある墓石（福井県坂井市三国中央墓地，2014年筆者撮影）

歴史に名を残さなかった圧倒的多数の江戸時代を生きた人々にとって、墓石はこの世に生を受けた唯一の証であり、文字どおり「草葉の陰」に埋もれた墓石から聞こえる彼らの声なき声に耳を傾ける必要がある。墓石の歴史を繙くことで、江戸時代と現代との連続性や近未来の墓制が見えてくる。

少子化や地方の過疎化と都市部への人口集中、核家族化などによって、江戸時代に始まる我が国の墓石文化は、現在大きな変換点を迎えている。これまでは先祖の墓の管理は親子代々の務めであると信じて誰もそれを疑わなかった。しかしこれだけ少子化が進み、後継ぎのいない家が増えれば、墓石を建てたところで直ぐに無縁化してしまうのは誰の目にも明らかである。寺院や霊園管理者にとって無縁化した墓ほど厄介なものはない。人口集中により墓地が不足している都市部では、墓地管理費が見込めなくなった墓は早晩整理の対象になり、墓石を撤去し新たな墓が営まれる。以前見た墓石業者のテレビコマーシャルは、「お墓は永遠の住まい」と墓石の購入を呼び掛けていたが、今やそうした言葉を素直に受け入れられる状況にはない。運よく今は後継ぎのいる家でも、将来子や孫の負担になるとの理由で、墓石を伴う「普通のお墓」を持つことを躊躇する人々が確実に増えている。

## 考古学者の墓石研究

考古学が専門の筆者が江戸時代の墓石を研究しているのには訳がある。そもそも墓は、地上の墓標（墓石）・地下の埋葬施設（棺桶など）・遺骨・副葬品に大きく分けられる。このうち、通常、考古学者の研究対象は、発掘によって得られる埋葬施設・遺骨・副葬品であり、遺骨は掘り出した後は人骨を専門とする人類学者に任せてしまう。したがって地上の墓石は本来なら考古学者の守備範囲外なのである。ではなぜ江戸時代の墓石にまで手を出すことになったのか。答えは江戸時代の墓が置かれた複雑な状況にある。

土中に埋まっているものは、墓であろうが埋蔵金であろうが、それを残した人の子孫が特定できる場合、国民共有の埋蔵文化財ではなく、その子孫のものである。つまり道で拾った財布と同じように遺失物法の適用対象となる。鎌倉・室町・戦国時代を対象とする中世考古学が認知された今日、中世の墓地が開発の対象になった場合、ほとんどの地域で事前に発掘調査が行われるようになった。中世墓のほとんどは無縁墓であるから、発掘調査で遺骨や副葬品が見つかったとしても、子孫から返還請求を求められる可能性はきわめて低い。

ところが近世墓は無縁化が急速に進んでいるとはいえ、まだまだ子孫によって管理（祭祀）されているものが少なくない。加えて平成一〇年（一九九八）に文化庁次長名で出された「埋蔵文化財の保護と発掘調査の円滑化等について」と題する通達では、おおむね中世までに属する遺跡は、原則として発掘調査の対象とすることとされたのに対し、近世に属する遺跡については、地域において必要なものを調査対象とすることができるとされた。近世文書に乏しい北海道や沖縄県では近世遺跡の発掘調査が積極的に行われ、開発の対象となる近世墓も原則、調査対象となっているが、前述のとおり、道南を除く北海道の大部分の地域と沖縄県は墓石文化圏外である。現在、史跡整備に伴う大名家墓所を除けば、北は青森県から南は鹿児島県までの墓石文化圏内で近世の墓地だけの遺跡が発掘調査されることはまずない。発掘調査された近世墓の大半は、縄文や古代などの遺跡の調査の折にたまたま調査区内にあったがゆえに、調査対象に加えられたものである。調査区にある墓のうち縁者のいる墓は、発掘調査着手以前に改葬され、残された無縁墓だけが発掘調査の対象となる（図4）。それら無縁の近世墓にも本来は墓石が伴っていることもある。しかしたいていは発掘調査着手以前に墓石は撤去されてしまうため、墓石の情報が発掘調査報告書に反映されることは非常に稀である。墓石には没年や姓名などの死者に関する情報が刻まれているだけに大変残念だ。埋葬施設・遺骨・副葬品からも埋葬された時代や死者の生前の階層はある程度推定できるが、墓石の情報には及ばない。墓石・埋葬施設・遺骨・副葬品の全てが揃った時にこそ、死者は雄弁に彼らが生きた時代を語り出すのである。

墓は現世の映し鏡である。考古学では墓はそれが作られた社会を復元するうえで欠くことのできない優れた研究対象と考えられている。江戸時代についても近世墓の研究が必要である。しかし前述のとおり、近世墓の発掘調査はきわめて限定的なのである。ならば、発掘せずとも私たちの身の回りに無数にある江戸時代の墓石を調べればいいではないか。

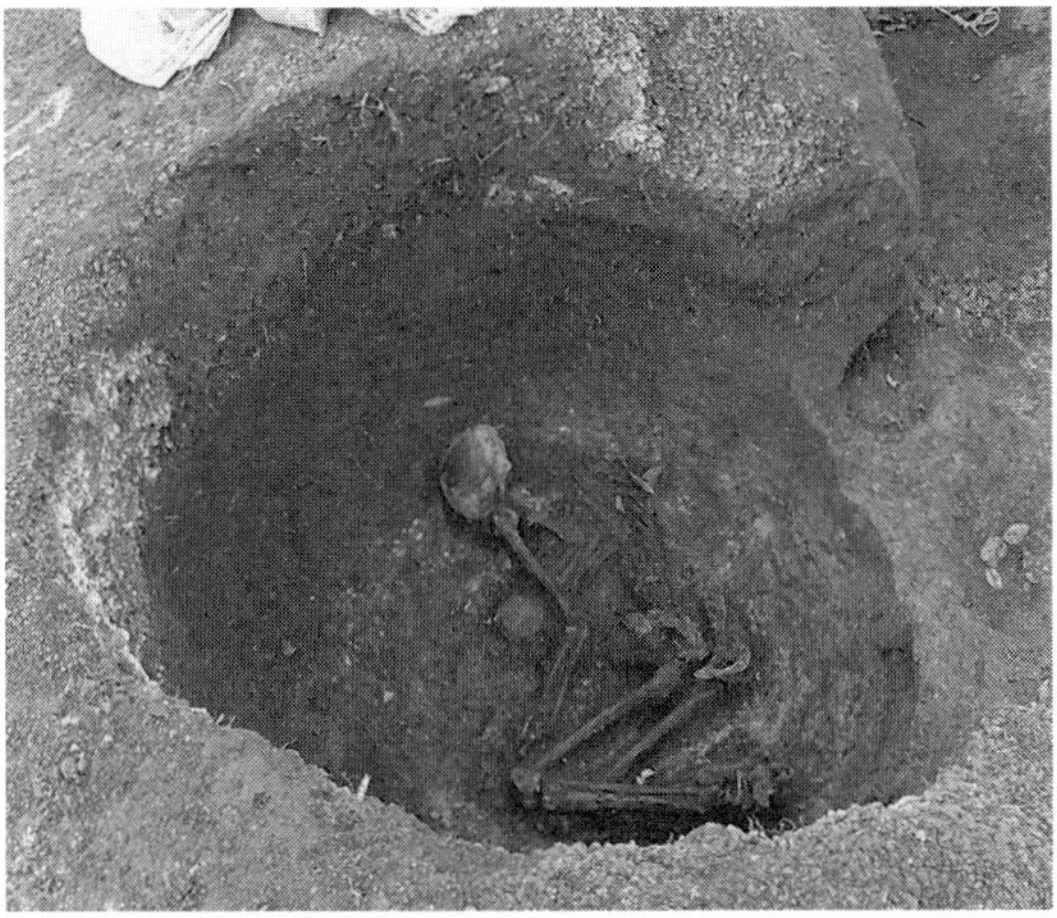

図４　中世城館跡の調査で見つかった近世墓
（青森県南部町鳥舌内館跡，2015年筆者撮影）

近頃は歴史上の人物の墓を巡って歩く「墓マニア」が増えており、各種のガイド本や専門のウェブサイトで紹介されている。しかし本書が取り上げるのは、そうした歴史に名を残した著名人よりむしろ墓石しか残しえなかった大多数の一般人なのである。

他の分野に先駆けて江戸時代の墓石を取り上げたのは、葬制の変遷に関心が高かった民俗学者や宗教学者である（『葬送墓制研究集成』全五巻、名著出版、一九七九年）。しかし彼らの発言には、「土葬が一般的だった時代には墓は埋《う》め墓と参《まい》り墓に分かれていた」とか、「普通の庶民は埋め墓しかなく墓石は建てられなかった」、「火葬の普及に伴って先祖代々の墓が本格的に作られるようになった」など、江戸時代の墓石を調べたらすぐ気づくと思われるような事実誤認が少なからず見受けられる。

江戸時代の墓石からは、その時代を生きた人々を取り巻く社会が見えてくる。『墓石が語る江戸時代』と題した本書は、飢饉や疫病などの歴史災害や、階層や家族といった社会の在り方、大名家の見栄と建前、海運によるヒト・モノ・情報の広域的交流など、「草の根の近世史」から政治史・経済史に至るまで、考古学者の目線から墓石を通して垣間見える江戸時代像を提示する。

# 墓＝墓石ではない！

# 墓は世につれ

## 墓と墓石

墓石を見慣れた私たち現代日本人の大半は、無意識のうちに墓石＝墓と思い込んではいまいか。しかし少し考えれば分かることだが、墓石と墓は同義ではない。墓は遺体（遺骨）または、遺髪や爪、位牌《いはい》など遺体の代わりとなるものを納めて故人を弔《とむら》う施設である。一方、墓石は墓の存在を示す墓標の一種であり、必ずしも墓に不可欠というわけではない。それどころか、遺体を鳥に食べさせることによって魂を天へと運ばせるチベットの鳥葬《ちょうそう》をはじめ、遺体や遺灰を川や海に流す水葬《すいそう》など、墓石はおろか墓さえ存在しない葬制も存在する。

「中世京都死体遺棄状況」を検討した勝田至氏によれば、日本でも一一世紀後半に始まる院政期から鎌倉時代にかけ、貧しい階層を中心に死者を土葬や火葬にせず、地上にそのまま置く葬法がかなり普遍的に見られたという（『死者たちの中世』吉川弘文館、二〇〇三年）。浄土真宗を開いた親鸞《しんらん》の生涯を描いた「親鸞聖人伝絵」によれば、親鸞は遺骸を鴨川にいれて魚に与えよと遺言したとされる。親鸞の遺言は、当時、山野河海《さんやかかい》に放置された遺体が日常的に見られたことを物語っていよう。

島津毅氏は、一二世紀に作られた「餓鬼草紙《がきぞうし》（第四段）」が単に葬地を描いたのではなく、埋葬や墳墓の様相を極力説明的に描写していると指摘し、身分や財力の違いにより、①卒塔婆《そとば》・仏龕《ぶつがん》・五輪塔《ごりんとう》を設けた土饅頭《どまんじゆう》や石積み塚、②草や木が生えた土饅頭、③放置状態の遺体・骸《むくろ》（遺棄葬）など多様な葬送・埋葬方法が存在したと論じた（『日本古代中世の葬送と社会』吉川弘文館、二〇一七年）。

墓標は本来、そこが墓であることを示す装置であり、古くは木製卒塔婆のような墓石以外のものも多く見られた。墓石を入手することが困難な山奥の村や離島では、現在でも墓の上に川原や海辺から拾ってきた丸い自然石などを墓標とした墓を目にすることができる（図5）。

民俗学者の岩田重則氏は、我が国の葬制を、①遺体の処理形態（遺体・遺骨）、②処理

図5　墓石のない墓地（新潟県粟島浦村釜谷地区，2017年筆者撮影）

方法（埋葬・非埋葬）、③二次的装置（石塔建立・石塔非建立）に分けて整理した（『お墓の誕生』岩波新書一〇五四、二〇〇六年）。他にも弔いの対象を基準に、一人の死者のための個人墓、夫婦墓、家族墓、寺院・会社・遺族会など各種団体による納骨堂をはじめとする共用墓に分類することも可能である。石塔すなわち墓石が「二次的装置」とされたのは、墓石が墓にとって必ずしも必要不可欠な設備ではないからである。岩田氏は民俗学によって提唱された「両墓制」研究が石塔中心の発想であると的確に指摘した（『墓の民俗学』吉川弘文館、二〇〇三年）。

元々は「オプション」にすぎなかった墓石は江戸時代に急速に普及し、墓石＝墓と錯覚するほどまでに我々日本人に浸透した。江戸時代の墓石の話に入る前に、お墓の出現から墓石が定着するまでの歴史をざっと見ておこう。

## お墓の出現

日本では旧石器時代の人骨は、サンゴ礁に囲まれ人骨の保存に適したアルカリ石灰岩からなる琉球列島の島々に集中して発見されている。旧石器時代の集団墓地として注目が集まる石垣島の白保竿根田原洞穴遺跡《しらほさおねたばるどうけつ》をはじめ、沖縄の旧石器時代の人骨の多くは洞窟や岩陰から見つかっている。旧石器時代の人々にとって洞窟や岩陰は住居と墓を兼ねており、そこでは生者と死者が同居していたのである。

一方、琉球列島以外の日本は酸性土壌のため人骨の保存には不向きな環境にある。人骨が残っていない遺構を墓と認定するのは容易ではない。それでも青函トンネルの北海道側の出口に近い知内町《しりうちちょう》湯の里4遺跡など、副葬品と考えられる遺物が出土したことで、旧石器時代の墓穴と認定されている例がある。旧石器時代の人々も遺体を岩陰や墓穴に葬るなど「お墓」を営んでいたが、今のところ墓標と断定できるものは発見されていない。

縄文時代には手足を折り曲げた状態の遺体を墓穴のなかに土葬する土坑墓《どこうぼ》が一般化した。土坑墓の上に土を盛ったマウンドを設けたり、墓の上に自然石や石棒や石皿などの大型の石器を置いたりして、墓の存在を明示することも行われるようになった（図6）。また、

図6　マウンドのある縄文時代の墓地（青森県五所川原市五月女萢遺跡，2012年筆者撮影）

縄文時代後期の北日本では、環状に石を巡らせたストーンサークルのなかに墓を営んだり、墓地の周囲に環状の土手を巡らせたり、大規模土木工事を伴う墓地が営まれた。

奈良から平安時代には、中国の影響を受け、近畿地方を中心に、長方形の銅板や金属製の蔵骨器《ぞうこつき》に死者の姓名・経歴・没年・事跡を記した墓誌が見られる。これらの墓誌は墓穴の中に納められるものであり、墓石のような墓標ではない。

## 墓石の登場

死者の供養と墓標を兼ねた墓石が出現するのは平安時代の末頃と見られる。出現期の墓石は五輪塔であり、岩手県平泉町の中尊寺をはじめ、一二世紀後半のものが数例知られるにすぎない。それら出現期の五輪塔はいずれも高僧の供養塔と見られる。

鎌倉時代には五輪塔が各地に見られるようになるとともに、本来は罪障消滅《ざいしょうしょうめつ》や寿命《じゅみょう》長養《ちょうよう》の功徳《くどく》を持つ宝篋印陀羅尼《ほうきょういんだらに》と呼ばれる経典を納めるための宝篋印塔が供養塔として建てられるようになる。また、中国・宋から高度な石の加工技術を持った技術者集団が来日したことで、新たに硬質な花崗岩《かこうがん》を用いた五輪塔や宝篋印塔が製作されるようになった。鎌倉時代の五輪塔や宝篋印塔は大型で立派なものが多く、それらを建てられたのは高僧や有力な武士に限られていたようだ。

鎌倉時代の律僧《りつそう》として知られる忍性《にんしょう》（良観上人《りょうかんしょうにん》）は、仁治元年（一二四〇）に大和額《がく》安寺《あんじ》で出家し、嘉元元年（一三〇三）に鎌倉の極楽寺で没した。額安寺と極楽寺にある忍性塔と伝えられる大型の五輪塔の下からは、良観上人の遺骨を納めたと明記した銅製の瓶が出土しており、五輪塔が墓石の役割を果たしていたことが分かる。

一方で鎌倉時代には禅宗とともに故人の戒名を記した位牌が中国から日本に伝わった。鎌倉時代には関東地方で、板状に加工した石材に梵字（種子《しゅじ》）や人名、年月日、供養の言葉などを刻んだ板碑《いたび》の造立が始まり、室町時代にかけて全国に展開するようになる。板碑は亡くなった者の追善供養や生きている者の逆修《ぎゃくしゅ》供養を目的とする供養塔であり、墓の上に建てられることもあった。

民俗学者の新谷尚紀氏は、清浄を必須とした貴族が墓地を死穢《しえ》の場所として忌避《きひ》したのに対して、戦を生業《なりわい》とし、死に向い会うことで所領を獲得する武士にとって、父祖の墓所は菩提寺《ぼだいじ》とともに大切な家と所領の象徴であったと指摘する（『墓から探る社会』雄山閣、二〇〇九年）。「一所懸命」に生きる武士にとって、墓所に建てられた供養塔は、その土地が所領であることを自他ともに再確認する役割を担っていたのではなかろうか。

五輪塔や宝篋印塔は室町時代を通して各地に広まるとともに、次第に小型化したものが作られるようになる。このようにして室町時代には、五輪塔・宝篋印塔・板碑を中心に、地域色を見せながらも次第に故人のための供養塔造立が定着していく。遠江《とおとうみ》の国府や守護所が置かれ、古代以来東海道の重要な宿駅としても栄えた静岡県磐田《いわた》市見附《みつけ》では、町境の丘陵先端から大規模な中世墓地が発掘され注目を浴びた。この一《いち》の谷《たに》中世墳墓群には集石墓が密に営まれており、「賽《さい》の河原」を思わせるような墓地景観であったとされる（網野善彦・石井進編『中世の都市と墳墓』日本エディタースクール出版部、一九八八年）。墓地からは五輪塔・宝篋印塔に加え、後述する一石五輪塔が出土している。墓地が廃絶される直前の一六世紀末頃には一の谷の墳墓群には墓石が林立していた可能性が高い。

## 墓石は寺院や仏像の代用品

戦国時代から江戸初期にかけ、大名などの有力な武家の間では、当主や正室の菩提を弔うため、寺院や塔頭《たっちゅう》の造営が流行した。江戸幕府は増加の一途をたどる寺院数に歯止めをかけるため、元和元年（一六一五）に「新寺建立制止之事」、寛永八年（一六三一）に「新寺建立禁止令」を出した。これにより諸国の寺院は、寛永八年を境に古跡と新地に分けられ、新地に寺を建てることが禁止された。しかし、その後も法令が徹底されなかったため、寛文八年（一六六八）、新地奉行を置き厳しく統制を加え、さらに天和三年（一六八三）には、武家諸法度に新地寺社建立の停止に関する条文が追加された。

一方、庶民に目を向けると、戦国時代には近畿地方に限らず、周辺の北陸地方などでも、一つの石材を五輪塔形に加工した小型の一石五輪塔（図7）や、片面に仏像を刻んだ石仏（図8）などが大量に作られ、江戸時代につながる供養塔の造立ブームが到来する。一石五輪塔は元をたどれば、仏舎利《ぶっしゃり》を納めるための仏塔《ぶっとう》（ストゥーパ）であり、根底には寺院建築物への志向がある。また石仏からは木や金属で作られる仏像への志向が読み取れる。一石五輪塔や石仏など戦国時代に出現し、一大ブームとなった庶民の供養塔は、寺院や仏像の代用品と見ることができよう。故人を弔うために大名は寺院や塔頭の造営にいそしみ、

図７　一石五輪塔（和歌山県高野町高野山奥之院，2016年筆者撮影）

図８　石仏（広島県尾道市浄土寺，2016年筆者撮影）

それがかなわぬ庶民は寺や仏像の代わりに一石五輪塔や石仏を造立したのである。

戦国時代に作られた庶民の供養塔は、江戸時代の一般的な墓石とは異なり、戒名や没年月日などの銘文が刻まれたものはほとんどない。それどころか、一見して素人の手によるものと分かるほど稚拙なものも目立つ。石に文字を刻むのは素人にはかなり難しく、専門の石工《いしく》の助けが必要となる。銘文が刻まれていないものには、本来墨で戒名や没年月日が書かれていた可能性があろう。刻字ですら数百年の間、風雨に曝され判読し難いほどに風化しているのである。ましてや墨書は完全に消失しても何ら不思議はない。銘文は石屋に注文する必要があるが、銘文のない供養塔なら既製品で済む。小さなものなら場合によっては自製することも可能である。戒名や没年月日は、供養を依頼された僧侶が筆を執ったに違いない。そうすることで広く庶民層も供養塔を持つことが可能になったのであろう。

ところで、中世の石塔研究の第一人者として知られる元興寺文化財研究所の狭川真一氏によって、近年、福島県いわき市金光寺で文保二年（一三一八）の年号を有する高さ九〇センチ前後の大型木製宝篋印塔一対が確認された。本来は内部に遺骨の一部を納め、寺裏の横穴に置かれていたと推測されている。東北地方では一七世紀の事例ではあるが、青森県弘前市長勝寺にある弘前藩主津軽家霊屋内の大型彩色木製五輪塔や、秋田市闐信寺の佐竹義重と、同じく天徳寺の佐竹義処側室清子の大型木製板碑型墓碑など、木製の墓標が残されている。これらは風雨をしのげる横穴や霊廟《れいびょう》内に置かれていたため今日まで残されてきたと見られる。実際には野外に置かれ風雨により朽ち果てた中世の木製墓標はかなりの数にのぼるのではないかと想像される。

ところで前述した一の谷中世墳墓群では、原位置を保った墓石は非常に少なく、墓石の多くは動かされ、一部は破壊を受けていたことが明らかになっている。古い中世の

図９　墓石が使われた城の石垣（京都府福知山市福知山城天守台，2015年筆者撮影）

五輪塔や宝篋印塔が近世城郭の石垣に転用されている例は数多く知られる（図９）。それらは石垣に使う石材が不足したため、墓石を転用したと説明されてきた。それに異を唱えるつもりはないが、前提として中世から近世への移行に際して、城下町や宿場といった都

市部では中世の墓地の整理が行われた可能性を考える必要があろう。

# 現代墓石事情

## 多様化する墓

江戸時代以来、日本の墓の中心を占め続けてきた家族墓が大きく揺らいでいる。墓といって多くの人が今なおイメージする「○○家之墓」や「先祖代々之墓」といった文言を刻んだ縦長直方体形の墓石（和型）は今や「時代遅れ」になりつつある。一九七〇年代頃から都市部で建てられ始めた横長薄型の墓石（洋型）が、和型を追い抜く勢いで全国に広まりを見せているのだ。

洋型には「○○家之墓」だけでなく、正面に「和」「絆」「永遠」「ありがとう」など自由な文言を彫ったものも増えている。それらは一見しただけでは誰の墓か分からない（図10）。さらに二一世紀になって目立ち始めたのが、デザイン住宅ならぬ個性的なデザイン墓である。墓石の形もグランドピアノ形・キティちゃん形・ゴルフボール形など挙げたらきりがない。全国の約三〇〇〇の石材店が加盟する「全国優良石材店の会」（全優石）が二〇一六年に墓石購入者を対象に行ったアンケート調査によれば、一都三県では和型はわずか一六・五パーセントにすぎず、洋型が六六・二パーセントを占め、デザイン型も一三・三パーセント見られたという。和型が四九・五パーセントと初めて過半数割れを起こしたのは二〇一〇年であるから、その後の急落ぶりはすさまじい。

図10　最近流行の洋型の墓石
（北海道内，2017年筆者撮影）

こうした墓石の変化の主な要因は、家族墓の減少と裏腹の関係にある個人墓の増加にある。現代日本が直面している家への帰属意識の崩壊や個人主義により、家族墓は確実に減り始めている。家自体継承し難い今日、墓を代々家で継承しえないのは自明の理であろう。

個人墓に加えて最近になって登場し始めたのが、「両家墓」「墓友墓《はかともばか》」「ペットとの合葬墓」である。「両家墓」とは、夫婦両家の合葬墓であり、結婚によって跡継ぎのいなくなった配偶者の家の墓が無縁化しないことを目的として営まれるようになった。「墓友墓」は親族関係の有無にかかわらず、生前「気の合った」人々が死後同じ墓に入るものである。血縁・地縁より志縁といったところであろうか。二〇〇二年頃からは主に生涯独身の女性のために、女性専用車ならぬ女性専用の墓地や納骨堂が登場し、広がりを見せている。「ペットとの合葬墓」を含め、これらはいずれも現代社会の在り方を非常に敏感に反映した墓といえよう。

確かにこれらの墓は伝統的な家族墓とはかけ離れているものの、個人の管理下にあるという点において本質的な違いはない。そして個人の管理下にある限り、家族墓であろうが個人墓であろうが、最新の墓友墓であろうが、そう遠くない将来無縁化することは目に見えている。今世紀に入って現れた新しいタイプの墓は、長い目で見れば、江戸時代から続く家族墓と、後述する「合祀墓」とをつなぐ「ピンチヒッター」にすぎず、二一世紀の日本の墓地に咲いたあだ花に終わると予想するがどうであろうか。

## 無縁化する墓

墓石業者や自治体の調査によれば、現在すでに約四割もの墓が、祭祀継承者のいない無縁墓となっており、その数はわずか一〇年後には約六割を超すとの試算も出されている。ＮＨＫの調査に拠れば、今や全国で年間約一万基の無縁墓が新たに生まれているという（二〇一四年九月二四日ＮＥＷＳ・ＷＥＢ）。墓の無縁化がテレビや新聞で取り上げられる機会が増えたせいか、多くの人々が墓のことを本気で心配するようになってきた。

しかし、考えてみれば墓の無縁化は何も昨日今日始まったことではない。宮内庁が管理する陵墓でもない限り、墓は遅かれ早かれいつかは無縁化するのである。特に自分の先祖に興味をもって調べたことのある人を除けば、ほとんどの人が名前を知っているのは、曽祖父・曽祖母くらいまでではなかろうか。先祖の墓の場所はどこかとなると、たいていは曽祖父・曽祖母も覚束ないのではなかろうか。だとすると曽祖父母より前の先祖の墓はたいてい無縁化していることになる。室町時代以前に墓石を建てられたのはよほどの高僧か名のある武将に限られるが、それらとて大部分は無縁化し、誰の墓か定かでないものがほとんどである。また運よく○○氏の墓と伝えられる場合でも、その子孫によって管理され

ているこ とはまずない。要するに無縁なのである。

問題なのは無縁化ではなく、その速度が著しく加速していることなのであろう。最近、江戸時代の墓石を調査していて、墓地の片隅に積まれた無縁墓のなかに、亡くなって一年そこそこの真新しい墓石を見つけ、大変驚いた。一周忌を終えるか否かで無縁になってしまったのに、なぜわざわざ墓石を建てたのだろうか。人々の記憶から故人が消え去る前に、墓が無縁化してしまうことに多くの人が危機感を抱いているのである。

地方では墓地は余り気味であるため、無縁墓はそのまま放置されることが多い。一方、人口増加傾向にある都市部では墓地は常に不足気味であり、無縁墓は最終的に撤去処分され、遺骨は合祀墓に移される傾向にある。一九九九年に行われた「墓地、埋葬等に関する法律」（通称「墓埋法」）の改正によって、無縁墓の処理のハードルは格段に下がった。官報への掲載・墓地での公告から最短一年で、墓地管理者は無縁墓を撤去・処分することが可能となった（図11）。

無縁となった墓石は、通常墓石から魂を抜く閉眼供養を行った後、墓地の片隅に寄せられるか、墓地のスペース確保のために「ひな壇」状や「ピラミッド」状に積み上げられることが多く、なかには墓石の起源であるストゥーパ（仏塔）を模したものまである。

極端に墓地が不足する都市部では、それすら許されず、無縁となった墓石は業者に委託して墓石と分からぬくらいにまで粉々に砕かれ処分される。墓石の粉砕にはそれなりの費用がかかるため、墓石の処分を請け負った悪徳業者が墓石をそのまま野山に不法投棄する

図11　改葬により処分される墓石
（青森県八戸市内, 2005年筆者撮影）

事件が後を絶たず、社会問題化している。瀬戸内海に浮かぶ淡路島の山中には推定一五〇〇トンにも達する不法投棄された墓石の山まで存在する。近頃は一万円程度の手数料と引き換えに無縁となった墓石を引き取る「古石材預り所」なる業者も現れ、活況を見せている。

現代日本では、死後自分の入る墓が決まっている人も決まっていない人も、また自分の墓を管理してくれる祭祀継承者（墓守り）のいる人もいない人も、そう遠くない将来、自分の墓が無縁化し、この世から滅失する「第

二の死」を迎えることを予感している。

歴史学者の森謙二氏は、墓と葬送の歴史的展開を踏まえたうえで、今後の日本の墓制について、地方自治体の果たす役割が大きいとする（『墓と葬送の社会史』講談社現代新書一一五二、一九九三年）。森氏は、住民サービスの一環として、増え続ける祭祀継承者のいない無縁墓を地方自治体が管理し、その祭祀を継承することを提案している。

**人が動けば墓石も動く**

人口減少に伴い新たな墓石の建立が頭打ちから減少する一方、改葬に伴う墓石の「引っ越し」は確実に増えている。急増する墓石の引っ越しの背景には少子化と地方の過疎化がある。進学や就職・結婚などをきっかけに東京や大阪・名古屋・福岡・仙台といった大都市へ移住した人々が、墓石の引っ越しの主な依頼主である。彼らも初めは郷里にある先祖代々のお墓にお参りしていたが、①年を取り彼岸やお盆の遠距離墓参が困難になった、②夫婦で出身地が離れており、お互いの実家の墓参りが不便である、③自分の代はともかく将来人たちの子どもたちにまで遠距離墓参を強いることは避けたい、④跡継ぎがいないため自分たちの代で「墓じまい」することにした、などの理由で墓石の引っ越しが行われる。

改葬に伴う墓石の引っ越しは、正確には古い墓石をそのまま新たに用意した墓地に移すのと、引っ越しの際に古い墓石を処分して新しく墓石を建立する二通りのパターンがある。一般的には、元の墓石が古かったり、墓石が複数あったりする場合には、新たに墓石を建てるほうが選ばれるようだ。

## 「集合住宅化」する墓

都市部を中心に、個人や家ごとに墓を営む代わりに、高層化・地下化を図ることで限られた空間に遺骨を納める納骨堂を選ぶ人々が急増している。

京都市にある浄土真宗東本願寺の大谷祖廟《おおたにそびょう》のように、納骨堂は宗教上の理由からすでに鎌倉時代には存在していた。墓地の不足を補うことを目的とする納骨堂は、一九三〇年代頃の東京で始まったようだ。

各地の葬祭施設計画策定に関わっている横田睦氏は、納骨堂を構造から、お墓の形を模した「墓石式」、仏壇の形をした上段と骨壺を収める下段とに分かれた「仏壇式」、骨壺を収める空間だけが幾層にも重なる「ロッカー式」、骨壺をそのまま並べる「棚式」、骨壺から取り出した遺骨を寄せ集める「合祀式」に分類している（『お骨のゆくえ』平凡社新書〇五一、二〇〇〇年）。空間の効率的利用の度合いは、「墓石式」「仏壇式」→「ロッカー式」「棚式」→「合祀式」の順で高くなる。通常の墓地にある墓が一軒屋だとすれば、納骨堂はアパートやマンションのような集合住宅といえる。一軒家や通常の墓地にある墓は全面的に個人が管理しなければならない。一方、納骨堂は管理人のいるマンションと同じように、管理の一部は他人任せにできる。納骨堂が増えてきた理由は、一般の墓地に比べ価格が安いこともさることながら、管理のしやすさにあるようだ。しかし納骨堂とはいえ、永代供養を前提とした「合祀式」以外は基本的には個々人の管理を前提としている。賃貸料や管理費が未払いとなればアパートやマンションから出ていかなくてはならないのと同じように、祭祀継承者（墓守り）がいなくなり管理費・供養料が滞れば、無縁墓となってしまう。

## 墓じまいブーム到来

日本の総人口が減少し始めた二〇一〇年頃から、周囲に迷惑をかけずに人生を終わるための準備をする「終活」が社会現象化している。終わりよければすべてよし。多岐にわたる「終活」のなかでも、現代日本人にとって、今や墓をどうするかは人生最期にして最大の難問になっている。墓の問題が厄介なのは、多くの場合、墓が本人を含め現在生きている身の周りの人々だけの問題ではなく、先祖や子孫に関係するからであろう。

「終活」の結果、改葬した先祖の遺骨を納骨堂に納めるなどして新たに家や個人が管理する墓を設けない、いわゆる「墓じまい」をする人たちが急増している。首都圏では「墓じまい」という言葉が使われだした二〇一四年頃から、シニア世代をターゲットに、各種の終活講座に加え、樹木葬墓地巡り・自動搬送式納骨堂見学・海洋散骨模擬体験などを売りにした「大人の終活日帰りバスツアー」も行われだした。目先の利く墓石業者は、いち早く永代供養墓や樹木葬に進出し、率先して「墓じまい」を推奨し始めている（八城勝彦『墓じまいのススメ』廣済堂出版、二〇一四年）。

## あの世も格差社会

日本が戦後の一億総中流社会から格差社会になったといわれて久しいが、現世の写し鏡である墓にも格差が目立つようになってきた。

といっても、もちろん金持ちが前方後円墳のような巨大な墓を作り始めたわけではない。お金に余裕のある人のなかには、墓石業者の「一人一人の思いを形に」との宣伝文句に背中を押され、前に述べたような個性の感じられるこだわりのお墓を建て始めたのだ（図12）。

墓石へのこだわりは形だけに留まらず、墓石に使う石材の産地にも及ぶ。香川県高松市周辺で採れる庵治石《あじいし》は、瀬戸内に広く分布する通称「御影石《みかげいし》」こと花崗岩の一つで、国産の高級石材の代表格として知られる。その価格は比較的安価とされる中国福建省産「白御影石」を用いた墓石のおよそ六倍と値が張る。

墓に対するこだわりは自分の墓だけに留まらない。遠くにいる子や孫よりも身近に感じられるペットの死を悼み、その葬儀・供養に多額のお金を投じるようになった。今やペット専用の墓（図13）は特に珍しくもないが、ペットの名前が書かれた卒塔婆《そとば》（図14）を初めて目にした時には正直驚いた。一方で経済的理由や墓守りの不在、あるいは死んだ後に子や孫に迷惑はかけたくないとの思いから合祀や散骨を選ぶ人が確実に増えている。一昔前なら、建売住宅を買うのと同じように、ほとんどの家が似通った和型の墓を建てていた

図12　「愛車」が置かれた青年の墓
（福井県内，2016年筆者撮影）

図13　ペットの墓（北海道内，2017年筆者撮影）

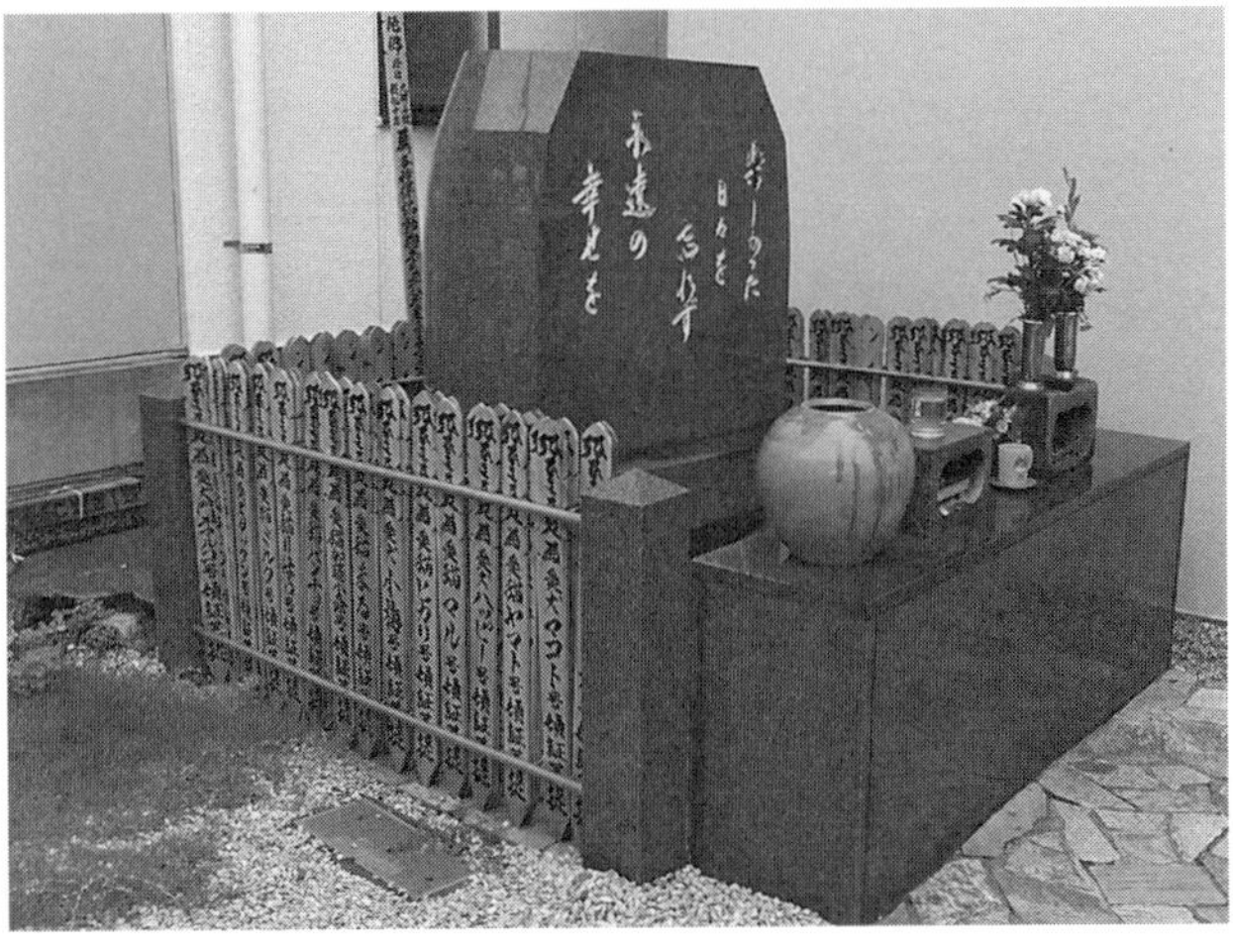

図14　ペットを供養する卒塔婆（東京都内，2016年筆者撮影）

ことを思えば隔世の感がある。

日本国内で二〇一四〜一六年の三年間に「置き去り」にされた遺骨二〇三件のうち、約八割にあたる一六六件は引き取り手がなく、事実上、捨てられたとの衝撃的な報道があった。下手をすれば死体遺棄罪に問われかねないにもかかわらず、遺骨を捨てざるを得ない人々が確実に増えているのである。

墓を持つ者と持たざる者。その差は必ずしも経済格差だけではないが、現代日本のお墓の在り方は、中間層が減り確実に二極分化が進行している。

墓石は、将軍から被差別民まで厳しい身分制社会であった江戸時代を通して、庶民にまで普及した。いよいよ次章からは江戸時代の墓石について見ていこう。

# 墓石から何が分かるか？

# 墓石と過去帳

## 掃苔家たち

苔むした古い墓石を掃い、お参りすることを掃苔《そうたい》といい、それを趣味とする人々は掃苔家と呼ばれる。江戸時代にはすでに掃苔家がいて、墓石を訪ね歩いては亡き偉人や賢人の功績や遺徳を偲んでいた。彼らは今流行りの「墓マイラー」の元祖とでもいうべき人々である。

江戸時代の墓石を初めて本格的に研究の俎上に載せたのは、梵鐘《ぼんしょう》研究者として知られる坪井良平氏である。坪井氏は、年号が記されることの多い江戸時代の墓石の資料的特質に早くから着目し、調査項目・データの提示法・分類法を確立した。坪井氏の研究により初めて江戸時代の墓石が学問の対象になったといえる。彼は京都府木津惣墓三三〇五基の悉皆《しっかい》調査を通して、元禄期（一六八八〜一七〇三）を境に、一つの墓石に複数人を刻む傾向が強まり、それが近現代墓における「先祖代々之墓」（家族墓）の萌芽であるとの見方を示した（「山城木津惣墓墓標の研究」『考古学』一〇—六、東京考古学会、一九三九年）。

坪井氏の墓石研究は、当時としてはきわめて革新的で、今日においてもそのデータは価値を失っていない。しかし、残念ながら全ての墓石を対象とした悉皆調査にかかる労力が膨大なため、継承する研究がなかなか現れなかった。江戸時代の墓石に対して坪井流の悉皆調査が再び行われるようになったのは、バブル期の国土開発に伴い江戸をはじめとする近世遺跡の発掘調査が本格化した一九八〇年代のことである。それは当初、個人レベルで行われていたが、やがて大学や地方自治体などが主体となって組織的に実施されるようになり、数千基を超す大規模な調査事例も増えてきた。

こうした墓石の悉皆調査を担ってきたのは、主に考古学出身の研究者である。彼ら（筆者自身もその一人だが）は、墓石を土器や石器などの考古遺物と同じように、物質文化研究の対象として分析し、過去の社会を理解しようと試みる（朽木量『墓標の民族学・考古学』慶応義塾大学出版会、二〇〇四年）。

本書で述べるように江戸時代の墓石にはさまざまな情報が詰まっているが、従来の墓石研究は、①型式学的分析、②身分・階層の分析、③墓石に使われた石材流通に関する分析など考古学者の好みそうな特定の分野に集中しがちであった。①は墓石の型式編年を整備し、形や大きさなど属性間の相関関係を追究することに主眼をおく。土器や石器の扱いに慣れた考古学者にとっては最も馴染みのあるテーマといえよう。②は上部施設の墓石と下部施設（埋葬施設・遺骨・副葬品）の検討から、身分・階層の違いによる差異を明らかにしようとする研究である。現存する江戸時代の墓石の数に比べ、発掘調査により下部施設が明らかになった例は未だ少ないため、墓石だけから身分・階層を追求する研究も行われている。③は主に墓石の型式と石材の種類との相関性を検討し、墓石の製作や流通の解明を目指すものである（秋池武『近世の墓と石材流通』高志書院、二〇一〇年）。

では実際、江戸時代の墓石からはどのような情報が得られるのであろうか。

## 墓石の情報

墓石から得られる情報は、墓石そのものが持つ情報のほかに、墓石が建てられた場所に関する情報がある。似たような墓石があったとしても、それがどこに存在するかで意味合いは異なる。

墓石そのものが持つ情報は、刻まれた文字から得られる情報と、大きさ・形・装飾・石材といった非文字情報に大別される。このうち文字情報は、たいていは戒名《かいみょう》と死亡年月日に限られ、意外と少ない。もちろんなかには俗名や出身地・享年（年齢）などを刻んだ墓石もあるが、あくまで少数派に留まる。江戸時代の大部分の人々にとって大事なのは死後に与えられる名前と死亡した日であり、俗名・出身地・享年など生前の情報は二の次であったようだ。ほとんどの考古学者は、普段、非文字情報しか扱っていないため、年号が刻んであるだけでも大喜びなのだが、文字を見慣れた近世史研究者はたぶん物足りなく感じるだろう。

墓石から歴史を復元するうえで、死者の死亡年月日は最も重要な情報である。個々の死亡年月日にはさしたる歴史的意味はなくとも、それが何百人、何千人分と集まれば、死者数の増減（死亡変動）が導きだせ、それをもとに飢饉・疫病・地震・大規模火災といった歴史災害の実態を検討することができる。

一方、戒名からは何が分かるのだろうか。戒名は本来、仏教で修行に必要な規律・戒律を受けた出家者に与えられる名前であるが、出家していない一般の人にも臨終や死の直後に授けられるようになった。したがって一般には生前の名前である俗名に対して、戒名は死後の名前ととらえられている。戒名は本来二字の法名であったが、鎌倉時代以降、禅宗の隆盛に伴い、宗派による違いが現れた。死者に与えられる戒名は、法号を中心として、上に院号・宗派法号・道号を、下に居士《こじ》・大姉《だいし》・信士《しんじ》・信女《しんによ》などの位階や性別を示す尊称・性称が付いて構成されている（藤井正雄『戒名のはなし』吉川弘文館歴史文化ライブラリー二一七、二〇〇六年）。戒名からは、故人が大人なのか子どもなのか、男なのか女なのかが分かるうえ、宗派や生前の社会的・経済的階層もある程度読み取ることができるのである。江戸時代の戒名のなかには、疱瘡《ほうそう》（天然痘）などの病や海難事故などに関連する文字が使われているものもあり、死因を推定できる場合もある。

戒名が死者に関する重要な情報であることは間違いない。しかし戒名が分かったからといって、墓石に俗名が刻まれてでもいない限り、その人が誰であるのか特定できない。さらに運よく俗名が刻まれている場合でも、よほど名のある人物でもない限り、いったいその人物が何者なのか、墓石だけからでは分からない。

よくある例だが、仮に一つの墓石に成人男性二名の戒名が刻まれていたとしよう。その二人は親子なのか、兄弟なのか。没年月日や俗名からある程度推察することはできたとしても、確信は持てない。どのような関係の人たちが死後一つの墓石に「同居」しているのか、墓石をいくら眺めたところで、墓石は答えてはくれないのである。

墓石に刻まれた戒名は誰なのか、目の前にあるのは誰の墓なのか。戒名から俗名への「変換」を行うのに適した古文書が過去帳である。

## 死者の名簿

過去帳は戒名・俗名・死亡年月日・享年・続柄などを記した死者の名簿で、寺が壇家の供養を目的として管理上作成する寺院過去帳と、各家々で先祖を書き連ねた軒別過去帳とがある。寺院過去帳は、亡くなった人を死亡順に書き連ねた「年次書き継ぎ式」のものと、月別・日別に分けて編纂し直した「繰り出し式」のものとがある。墓石も過去帳も死者に関する情報源に変わりはないが、文字情報だけに限れば、情報量は圧倒的に過去帳のほうが優れている。

キリスト教が禁じられていた江戸時代には、武士・町民・農民といった身分にかかわらず、特定の寺院の檀家とならなければならず、檀那寺による葬儀・供養が行われた。後述するように江戸後期には庶民にも墓石が普及したが、それでも全ての人が墓石を建てられたわけではない。今も昔も経済的理由で墓石を持てない人々はいる。その点、寺院過去帳には、墓石を建てられなかった人だけでなく、たとえその寺の檀家でなくとも、檀家の口利きで葬儀を執り行われた人までもが記載されていることが多い。

墓石と過去帳を照合すれば、それが誰の墓なのか、誰と誰とが同じ墓に「同居」しているのかまではおおよそ判明する。さらに墓石を建てることのできた人とできなかった人を明らかにすることも可能である。墓石を研究するうえで過去帳は大変強力な助っ人なのだが、問題がないわけではない。

## 身元調査お断り

二〇〇五年の個人情報保護法の全面施行以降、日本でも広く国民の間に氏名・生年月日・性別・住所などプライバシーに関する情報の保護が浸透した。個人情報保護法の対象はもちろん「生きている人」に限られるが、亡くなった人、すなわち「故人」の情報もまた保護されていることを御存じだろうか。

寺院の玄関先にはしばしば「身元調査お断り」のプレートが掲げられている。寺院過去帳を調べることで、今生きている人の先祖に遡って、その人の身元調査ができてしまうのがその理由だ。

江戸時代に付けられた戒名のなかには封建的身分制度の影響により侮蔑的な文字を用いた差別戒名が存在する。寺院過去帳には差別戒名のほかにも自殺や処刑といった好ましからざる死因が記されているものもある。なかには、被差別部落の人たちだけの差別過去帳まである。

寺院にとって檀家の情報が記載された過去帳は「顧客名簿」のようなものだ。パソコンが普及した現在、過去帳のデータをパソコンで管理する寺院が増えてきた。なかには寺院専用の情報管理ソフトにデータ入力する代行サービスまで存在する。安易にデータ管理を外部委託した場合はもちろん、寺院内でデータ管理を行っている場合であっても、インターネット回線につながっている電子データには、情報流出の危険が付きまとう。

こうした状況を踏まえ、主な伝統教団などが組織する公益財団法人全日本仏教会は、二〇一四年九月、機関誌の月刊『全仏』に「身元調査につながる過去帳の開示・開覧は一切お断り！」とする文章を掲載し、「善意で見せたことが差別の温存・助長につながるという意識が大事」と呼びかけた。現在ではたとえそれが純粋に研究のためであったとしても、過去帳の閲覧は限りなく不可能に近い。

墓石も故人情報には違いないが、そもそも野外にあって不特定多数の人の目に触れるものであるため、過去帳に比べれば調査のハードルはだいぶ低い。事前に寺院や檀家総代など墓地管理者に調査の目的・方法・調査成果の公表の仕方などをしっかり説明すれば、たいていは調査に協力いただける。過去帳ほどでないにせよ、墓石にもごく稀に差別戒名が刻まれていることがあり、そうした場合は所在場所などが特定されぬよう、調査成果を公表する際には十分な配慮が必要である。

## 墓石の調べ方

### 悉皆調査

数多くのヒット曲の作詞を手掛けておられるなかにし礼さんの小説に、第一二二回直木賞を受賞した『長崎ぶらぶら節』がある。この小説は、長崎丸山遊里の芸者愛八と、彼女が初めて本当の恋をした長崎学の研究者・古賀十二郎が、忘れられた名曲「長崎ぶらぶら節」を探して歩く物語である。

学問とは人間の生きた証を再証明することとの信念のもと、古賀は長崎の墓石を調べて歩く。愛八に対し古賀は、墓を調べることの意義について、「寺には過去帳というものがあるが、寺が不滅であるという保証はない。そしてまた墓も、町の開発に押されてどんどんつぶされていく。形あるものはいつか必ず消える。寺も墓も永遠不滅のものではないのだ。長崎に生きて死んだ名もない人々の命の証をこの世からかき消してはいけないとおいは思った。そこでおいは一念発起して長崎じゅうの墓地という墓地を訪ねて墓碑銘を書き写した。たとえ無縁仏といえどもだ」と説明する。古賀の分厚いノートには俗名・戒名・享年・死亡年月日・宗教・墓石の建立年月日などが記される。

この小説を読んだ時、正直大変驚いた。墓石研究の目的や方法、さらには歴史学の本質までもが古賀の言葉を通して語られていたからだ。思わず、作者のなかにし礼さんは古い墓石を調べた経験でもあるのかと疑ってしまったくらいだ。

古賀の研究も、近世の墓石研究に先鞭をつけた坪井良平氏の研究も筆者自身の研究も、基本的な考え方や方法は共通している。時代を限定したうえで、対象とする地域に存在する墓石を無縁墓まで全て調べつくすこと（悉皆調査）が必須である。特定の人物や特定の寺院、特定の宗派の墓石だけを調べたのでは、データに偏りが生じ、全体像を把握できない。

墓石の悉皆調査は時間と労力を要する。特に墓地が不足気味の市街地の寺院で顕著に見られるピラミッド状・ひな壇状に寄せ集められた無縁墓群は難易度が高い（図15・16）。それらは一段一段の幅が狭く足場が悪いうえ、墓石と墓石が密に接しており、側面の文字

図15　ピラミッド状に並ぶ無縁墓（福井県小浜市発心寺，2017年筆者撮影）

図16　ひな壇状に並ぶ無縁墓（福井県坂井市三国中央墓地，2014年筆者撮影）

を確認するにも墓石が動かしがたい。また、無縁墓のなかには倒れている墓石や、バラバラになって転がっている墓石も少なくない。五輪塔《ごりんとう》や宝篋印塔《ほうきょういんとう》など複数の部材を積み重ねた墓石のなかには、部材が入れ替わっているものも多いため、注意を要する。刻まれている文字を確認するため、墓石を動かすには複数人が力を合わせる必要がある。墓石の悉皆調査を一人で行うのは事実上不可能に近い。

なお、墓石を通して江戸時代のことを知ろうとする場合、江戸時代に建てられた墓石に加えて、明治以降の新しい墓石にも目を配る必要がある。というのも、幕末に亡くなった人のなかには、明治以降に死亡した人とともに、新しい墓石に名前を刻まれている例が少なくないからだ。

## 墓石調査の七つ道具

墓石の調査に必要な道具はそれほど多くはない。最低限必要なのは、調査票・ブラシ・コンベックス（巻尺）・カメラ・筆記用具・高照度の懐中電灯である。

墓石の表面には苔《こけ》が生えていることも多く、刻まれている文字を読むためには最初にブラシで掃除する必要がある。墓石を傷つけることなく苔を落とすにはナイロン製のブラシが適している。文字を読む際に使うのが高照度の懐中電灯である。墓石の文字は彫られて

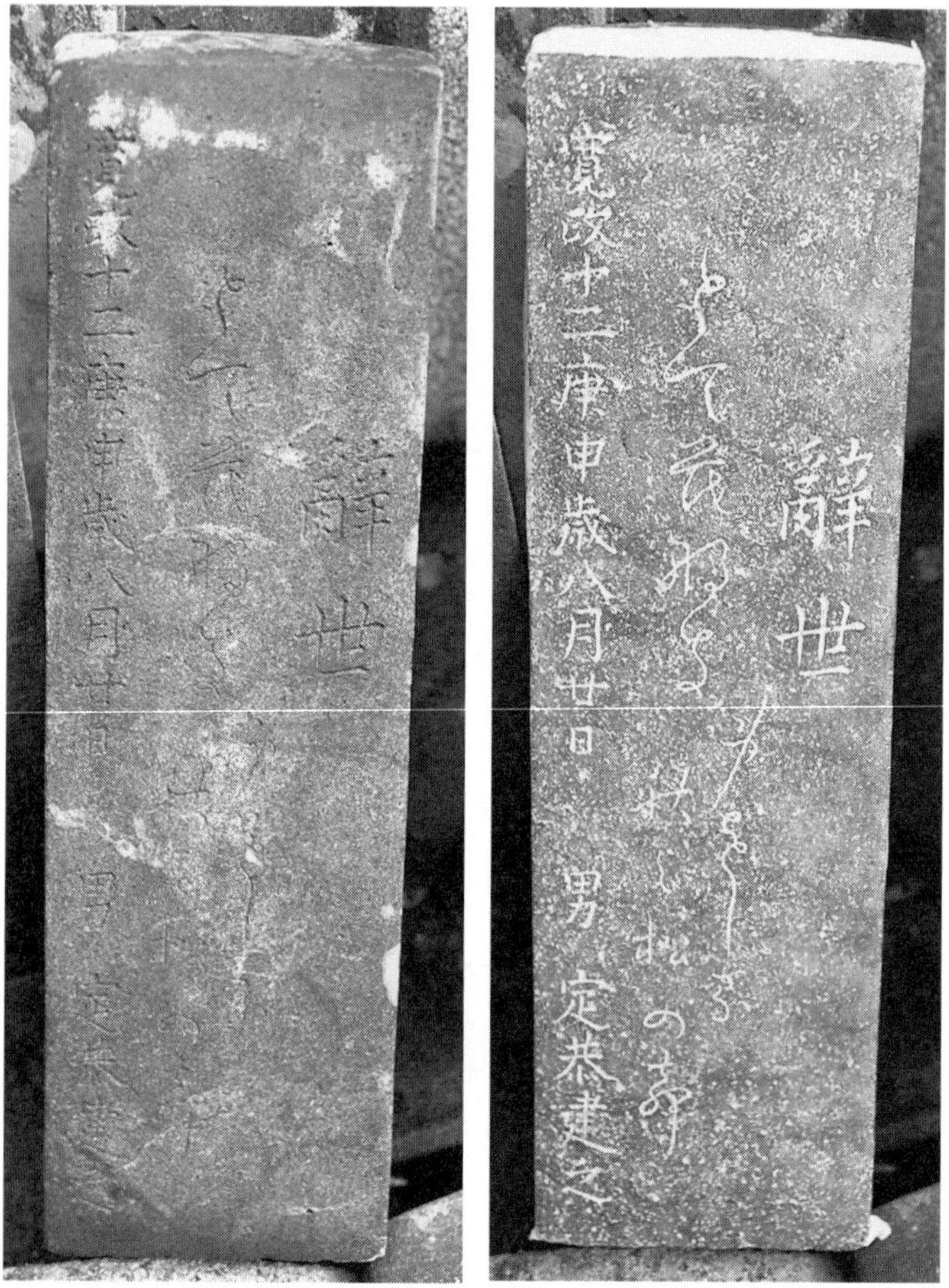


図17　墓石とその拓本（右）

図18　「片栗粉法」で浮かび上がった文字（左）

いるため、墓石の面に対して斜め方向から照らして影を付けることにより、文字は格段に読み取りやすくなる。古い墓石は風化により文字の彫りが浅くなっているものが多いため、懐中電灯は不可欠である。調査を行う日中の屋外でもなお明るく照らす必要があることから、ライトの照度は高いものほどよい。最低でも三〇〇ルーメン以上のものを用意したい。

墓石に刻まれた文字や、大きさ・形・装飾・石材といった非文字情報は調査票に記入する。調査票には多少雨に濡れても使える耐水紙が便利である。墓石そのものを記録に残すとともに、後日、調査票の記録と照合するために写真を撮影する。しかし風化した墓石の文字はなかなか写真では判然としない。そのため、必要に応じて拓本を併用する必要がある。拓本は石造物に刻まれた文字を記録するのには写真より優れている（図17）。一方で写真に比べ時間がかかるうえ、画仙紙《がせんし》代もばかにならない。したがって何百基、何千基もある全ての墓石の拓本を採ることは現実的ではない。そこで考えだされたのが、「片栗粉法」である。平滑な墓石の表面に片栗粉をこすりつけ、手のひらで少しずつ片栗粉を落としていくと、文字の窪みにだけ片栗粉が残るため、文字が浮かび上がるのである（図18）。その状態で写真を撮れば、拓本に代わる記録にもなる。片栗粉は粉離れが良いため、ブラシなどで簡単に落とせ、墓石を汚す心配もない。

## 調査項目

調査票には、法量・型式・石材・装飾など墓石そのものの情報と、亡くなった人（被供養者）や墓石を建てた人（施主）に関する情報を記入する（図19）。法量は、戒名や没年月日を刻む墓石本体（棹石《さおいし》）の高さ・幅・厚みや棹石とそれを載せる台石を合わせた全高を記入する。型式は墓石の形であり、あらかじめ類型化しておく必要がある。詳しくは図30を参照されたい。墓石にはその土地で採れる石材が使われている場合も多いため、調査地域の墓石の石材を類型化し、代表的なものについて、その地域の地質に詳しい岩石学の専門家に見てもらう必要がある。墓石を長く手掛けている地元の石材屋さんから得た情報が役に立つ場合も多い。

江戸時代の墓石の正面には、額縁・蓮華《れんげ》などの装飾をはじめ、家を象徴する家紋や家印、仏を表す梵字《ぼんじ》（種子《しゅじ》）などがよく見られる（図20）。

墓石に刻まれる文字情報は、死者（被供養者）に関する情報、墓石を建てた施主に関する情報、供養のための文言に大きく分けられる。人名が刻まれている場合、それが被供養者の名前なのか、施主の名前なのかを見極めなければならない。年号についても、没年なのか、墓石の建立年なのかを判断する必要がある。墓石を調査する際には、いつ亡くなった誰のために、誰がいつ建てた墓なのか？　ということを念頭に置くことが肝要である。

人名の上に施主と彫られている場合や、人名に続いて「建」などの文字がある場合は、その墓石を建てた人、すなわち施主と断定できる。年月日の上に戒名の一字が彫られている場合や、年月日に続いて「没」「去」「死」「卒」などの文字があれば、没年である。反対に年月日の下に「造」「建」などの文字が彫られている場合には、墓石の造立年である。複数の被供養者がいる場合、没年月日との対応関係に注意を払う必要がある。墓石のなかには被供養者の経歴を漢文で記した墓誌や、辞世・追善の詩句を彫ったものもある。

供養の文言は、墓石の上部に刻まれる頭書《とうしょ》と、戒名の下に彫られる下置字《したおきじ》とに分けられる。代表的な頭書としては、「南無阿弥陀仏」（名号）「南無妙法蓮華経」（題目）をはじめ、「妙法」「一如」「一蓮」「帰元」「倶会」「同会」「真如」「円寂」「示寂」「早世」「早逝」「捐館」「先祖代々」「為」などがあり、宗派により違いが見られる。下置字は「位」「霊（位）」「菩提」をはじめ、「幽位」「不退位」「各霊」「淑位」「尊儀」などが見られる。

調査票に記入した情報は、エクセルなどの表計算ソフトに入力し、最終的に、分析の基礎となる墓石のデータベースと被供養者データベースが出来上がる。

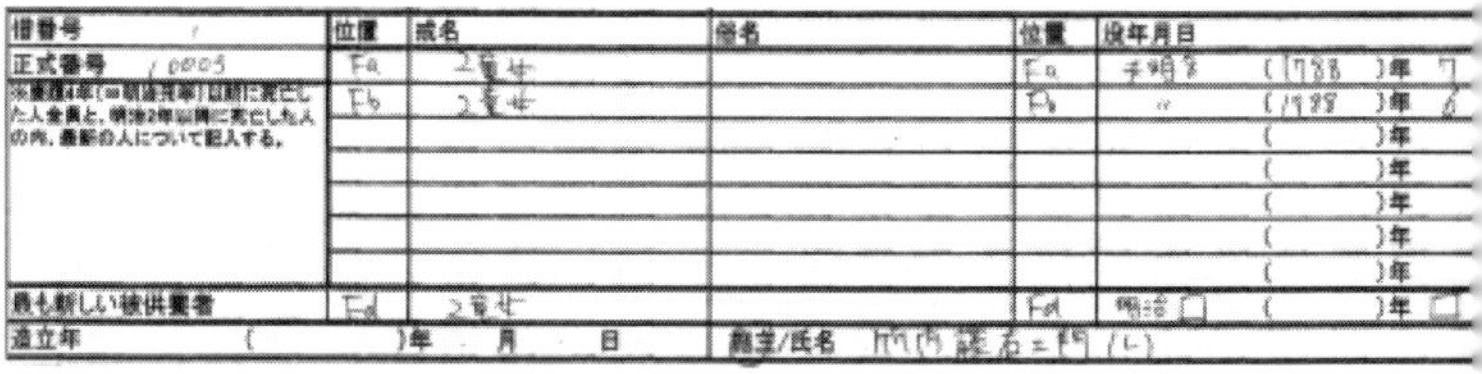

| 仮番号 | 位置 | 戒名 | 俗名 | 位置 | 没年月日 |
| --- | --- | --- | --- | --- | --- |
| 正式番号 10005 | Fa | | | Fa | （1788）年 7 |
| | Fb | | | Fb | （1988）年 6 |
| | | | | | （　）年 |
| | | | | | （　）年 |
| | | | | | （　）年 |
| | | | | | （　）年 |
| | | | | | （　）年 |
| 最も新しい被供養者 | Fd | | | Fd | 明治（　）年 |
| 造立年（　）年 月 日 | | | 施主/氏名 | | |

図19　墓石調査票

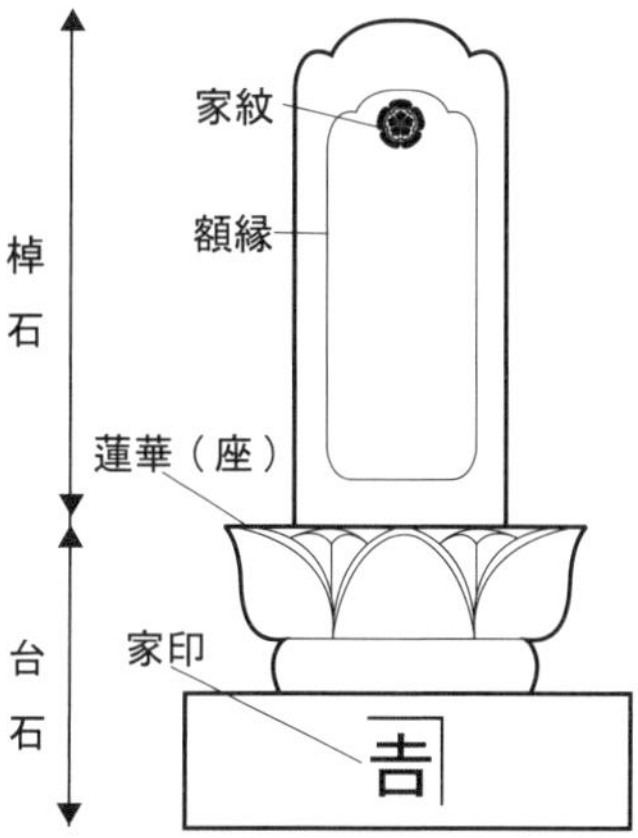


図20　墓石を構成する要素

## 墓石調査最前線

墓石の調査には特に特殊な技術は必要ない代わりに、野外で長時間墓石に向き合う忍耐力と体力が求められる。近年は、墓石の調査方法を映像により解説したDVDも出ている（朽木量・谷川章雄ほか『シリーズ墓標研究入門1　墓石から歴史を読む』、千葉商科大学ICCネットワーク放送プロジェクト二〇一三年、同『シリーズ墓標研究入門2　実践・墓石解読法』二〇一四年）。慣れてくれば、一日に二人一組で百基近くの墓石を調査できるようになる。

一方で、前述のとおり、墓石から得られる情報は限られており、過去帳などの古文書と照合することで、分析の幅が格段に広がる。筆者らは、二〇〇七〜〇九年に最北の城下町である北海道最南端に位置する松前町旧福山城下町と周辺の漁村で江戸時代の墓石五六二九基の悉皆調査を行った際、事前に寺院の了解を得たうえで、松前町史編纂に伴い収集され、地元の教育委員会に保管されていた寺院過去帳の写しから、過去帳データベースを作成した。

図21は福山城の北側に隣接する曹洞宗法源寺の墓地にある墓石である。右側上部が欠けており、正面には右側に「□□軒禅巌道悟居士」、その左隣に「指月堂喜顔妙光大姉」と、成人男女の戒名が刻まれている。右側面の年号は肝心の元号の部分が欠損しており「年正月六日」としか分からない。このままでは没年不明の墓石として調査対象から外されてしまうところだが、墓地に携帯したノートパソコンに入っている法源寺の過去帳データベースで「軒禅巌道悟居士」を検索したところ、「文政四年（一八二一）正月六日」に亡くなった「定雲軒禅巌道悟居士」で、俗名は「山形祐右衛門熊蔵」と判明した。続いて「指月堂喜顔妙光大姉」を検索したところ、「天保十年（一八三九）正月十四日」に死亡した

（右側面）　　（正面）

図21　過去帳を併用した墓石調査

図22　３Ｄスキャナによる墓石の三次元計測

「山形熊蔵妻」であることが分かった。その後、『松前町史』に記載されている江戸時代の全人名をデータベース化し、それで「山形祐右衛門熊蔵」を検索したところ、山形熊蔵は松前藩の足軽であったが、松前藩の奥州梁川《やながわ》移封に伴い、文化五年（一八〇八）二月にリストラされていることが分かったのである（「於松前家中ヨリ申渡ス」）。松前に骨を埋めた山形熊蔵は、松前藩が復領する直前に死亡していたことになる。あと一年生きながらえていれば、再雇用がかなったに違いない。このように寺院過去帳と藩政史料を駆使することで、一度は調査対象から外されかかった墓石が、松前藩の元足軽とその妻の墓石であることを突き止め、彼らの生きた痕跡を歴史のなかに蘇らせることができたのである。

二〇一四年から取り組んでいる福井県坂井市三国町・敦賀市・小浜市での中近世石造物調査では、3Dスキャナを使った墓石の三次元計測を試み、成果をあげている（図22）。

# 墓石の造立年と保有率

## 墓石に刻まれた年号

墓石に没年月日と建立年がともに刻まれているのが望ましいが、実際にはどちらか片方しか彫られていないものが多く、単に「○年○月○日」とあるだけで、没年月日か建立年か、容易には決め難いものも少なくない。建立年が彫られていない場合、便宜上、被供養者の没年をもって墓石の建立年と見做《みな》しており、一つの墓石に複数の被供養者が刻まれている場合、最後に死亡した人の没年（最新年号）を、墓石の年代として扱うことが多い。しかし墓石を建てた後で亡くなった人を追刻することは十分考えられる。墓石はいったいいつの段階で建てられたのであろうか。

本州最北の城下町弘前にある二大寺院街の一つ、新寺町寺院街の江戸時代の墓石を例に、この問題を考えてみよう（関根達人・澁谷悠子「墓標からみた江戸時代の人口変動」『日本考古学』二四、日本考古学協会、二〇〇七年）。新寺町寺院街にある江戸時代の墓石二〇四〇基中、造立年が明記されているのは一〇九基（全体の約五パーセント）であり、天保期（一八三〇年代）以降に急増する。建立と没年の関係性を見るため、両方の年号が刻まれた五〇基を検討したところ、A「追刻のある墓石（一三基）」、B「一括記載の墓石（二五基）」、C「どちらか判別不能な墓石（一二基）」となった（図23）。Aは墓石が建てられた後の死者も追加していくタイプ、Bは墓石建立以前に亡くなった死者を一度にまとめて刻み、建立後の死者は記さないタイプ、Cは没年不明の死者がいるためA・Bどちらとも断定できないものである。全体としては、Aに比べBの割合が高いことが確認されよう。

次に建立年と最新年号のずれを見てみよう。新寺町寺院街の事例では、全体の七六パーセントが一二年以内の誤差にとどまっているが、一方で、二〇年以上開きを持つものも二四パーセント程度存在する（図24）。江戸時代の墓石の研究では、一般に時間軸を一〇年刻みとすることが多いが、年代の誤差が一世代（およそ二〇年）を超す事例が全体の四分の一を占めているとすれば、分析結果への影響がないとは言い切れない。

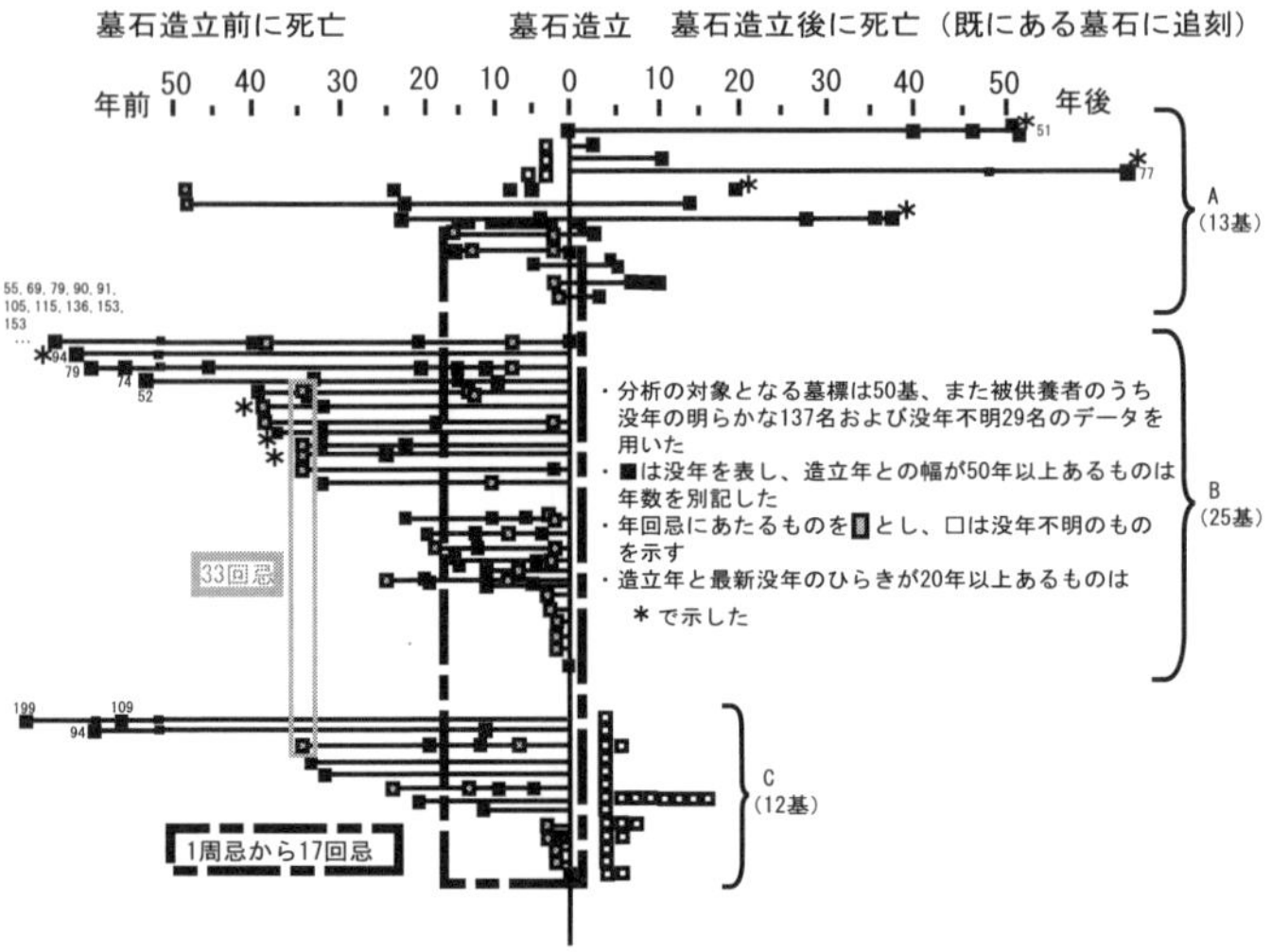


図23　墓石に刻まれた没年と建立年の関係

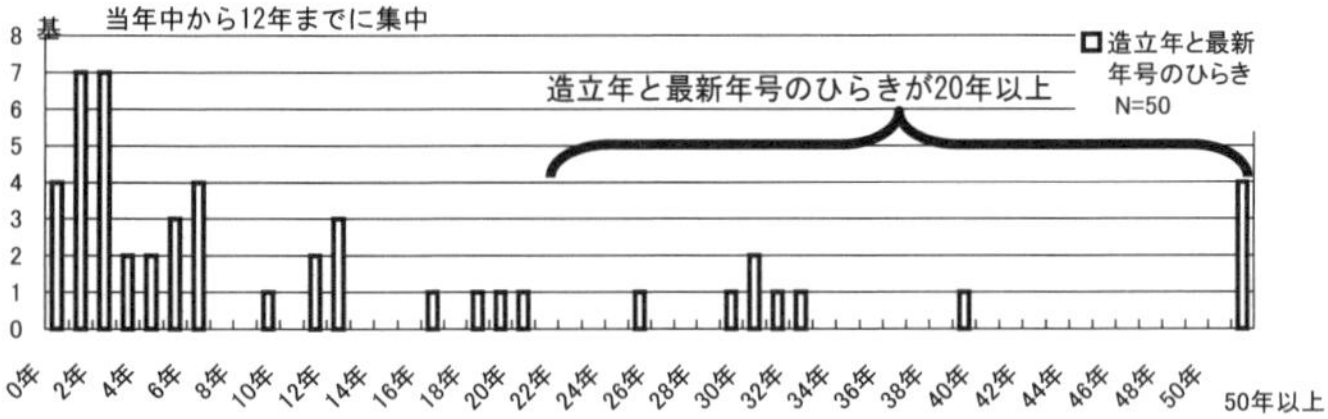


図24　墓石の建立年と最新年号の誤差

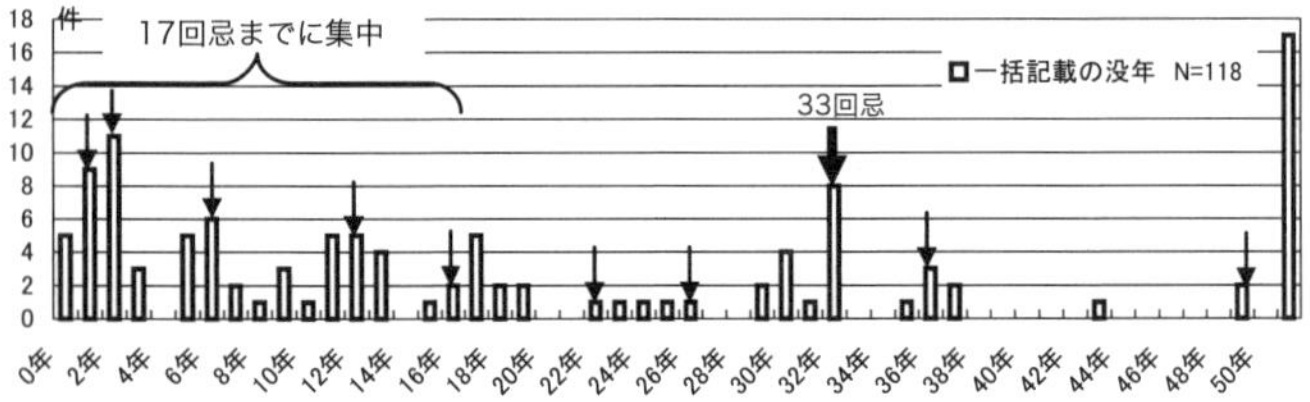


図25　墓石の建立と年回忌

建立年が特に集中しているのは没後一七回忌までである（図25）。その後、三三回忌を除いて目立った傾向は見られない。三三回忌が突出するのは、弘前周辺では三三回忌を最後の法要、すなわち「弔《とむら》いあげ」としており、その際に墓石が建てられることがあったためと考えられる。

### 回忌と墓石の建立

墓石は、ある人物の死亡した年ではなく、没後一七回忌までの間に建てられ、その際には、以前亡くなった人をも含め一括して戒名などを刻むことが多かった。建立年と最新年号の時間差は、多くは一二年以内に収まる。墓石の形の流行などを議論するのであれば、従来の年代決定法で特段問題はなかろう。また、飢饉など危機的状況下で亡くなった死者も、本来的に墓石を建てられる階層に属していれば、精神的・経済的ゆとりが生まれた時点で、縁者により墓石に戒名・没年月日などが刻まれた可能性が高い。

### 墓石を持つ者、持たざる者

墓石から江戸時代の研究を行ううえで、墓石を持てた人の割合は大変重要な問題である。当たり前だが、墓石からは墓石を建てなかった人のことまでは分からない。ごく一部の上層階級の人しか墓石を建てていないのであれば、墓石から見える社会はかなり狭い範囲にとどまらざるを得ない。従来、近世史研究で墓石に注目が集まらなかったのは、わざわざ墓石など調べずとも古文書が豊富にあることに加え、「墓石は一部の人しか建てられなかった（したがって墓石を調べても江戸時代の社会の全体像は見えない）」といった先入観があったからではなかろうか。はたして墓石はどのくらい普及していたのか。この問題は、墓石と過去帳を照合することで答えが見えてくる。

検討したのは、弘前藩の支藩があった青森県黒石市にある日蓮宗妙経寺の墓石と過去帳である（関根達人・澁谷悠子編『津軽の近世墓標』弘前大学人文学部文化財論ゼミナール調査報告Ⅶ、二〇〇七年）。妙経寺の過去帳は四冊とも全て日付順に編纂された繰り出し式過去帳であり、元になる年次書き継ぎ式のものは残っていない。江戸時代全ての時期をカバーしており、江戸時代の被供養者数は重複を除き一万一九八七人である。

筆者らが調査した二〇〇六年の段階で、妙経寺の墓地には一三七基の江戸時代の墓石があり、三四七人の戒名が確認できた。このうち過去帳と照合できたのは約七割にあたる二四三人である。照合できなかった一〇四人については、墓石の風化・欠損により戒名の読み取りが不完全であったり、過去帳編纂の段階で記載漏れがあったりしたと考えられる。

妙経寺の墓地に墓石がある人の約八七パーセントを寺のある旧黒石町の居住者が占め、それ以外の居住者は、黒石藩領約一パーセント、黒石藩領に隣接する弘前藩領約一〇パーセントにすぎない（図26）。一方、過去帳では旧黒石町の居住者は檀家の約三七パーセントに止まる。全檀家の六割を超す旧黒石町以外の居住者が妙経寺の境内に墓石を建てたとは考えにくい。彼らはそれぞれの村落内の墓地に墓石を建てたと考えるのが自然であろう。だとすれば寺の墓地に残る墓石と過去帳の照合から墓石の保有率を考える際には、旧黒石町の居住者に話を限定しなければならない。

妙経寺の墓石に記された成人戒名は、院号が約五九パーセント、信士・信女が約二六パーセント、位号のない者が約一三パーセントと、院号を持つ者の割合が高い（図27）。一方、過去帳では位号のない者が約七三パーセントと多数を占め、院殿・院号は約二一パーセント、信士・信女は約六パーセントにすぎない。高位戒名を与えられた者ほど墓石を保有できた実態が見えてくる。旧黒石町居住者のうち墓石が確認された割合は、院号の約一六パーセント、信士・信女の四パーセント、法師・大徳など僧侶戒名の二二パーセント、位号なしでは二パーセントであった。

では旧黒石町に住む妙経寺の檀家のうち、どのくらいの人が墓石を建てられたのであろうか。無縁化などで現在までに整理・処分された墓石は相当存在したと思われる。院号を持つ者や僧侶が全て墓石を建て、かつ戒名の格によって墓石の失われる比率に差がないと

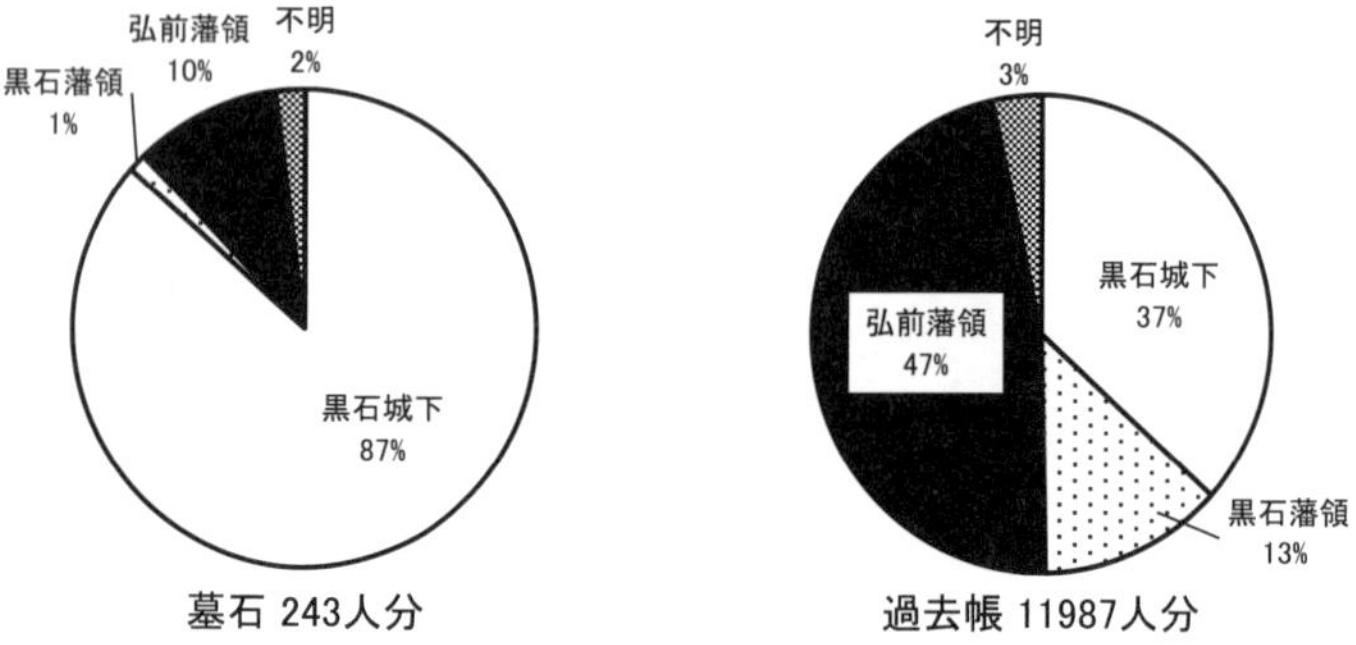


図26　青森県黒石市妙経寺の檀家の居住地

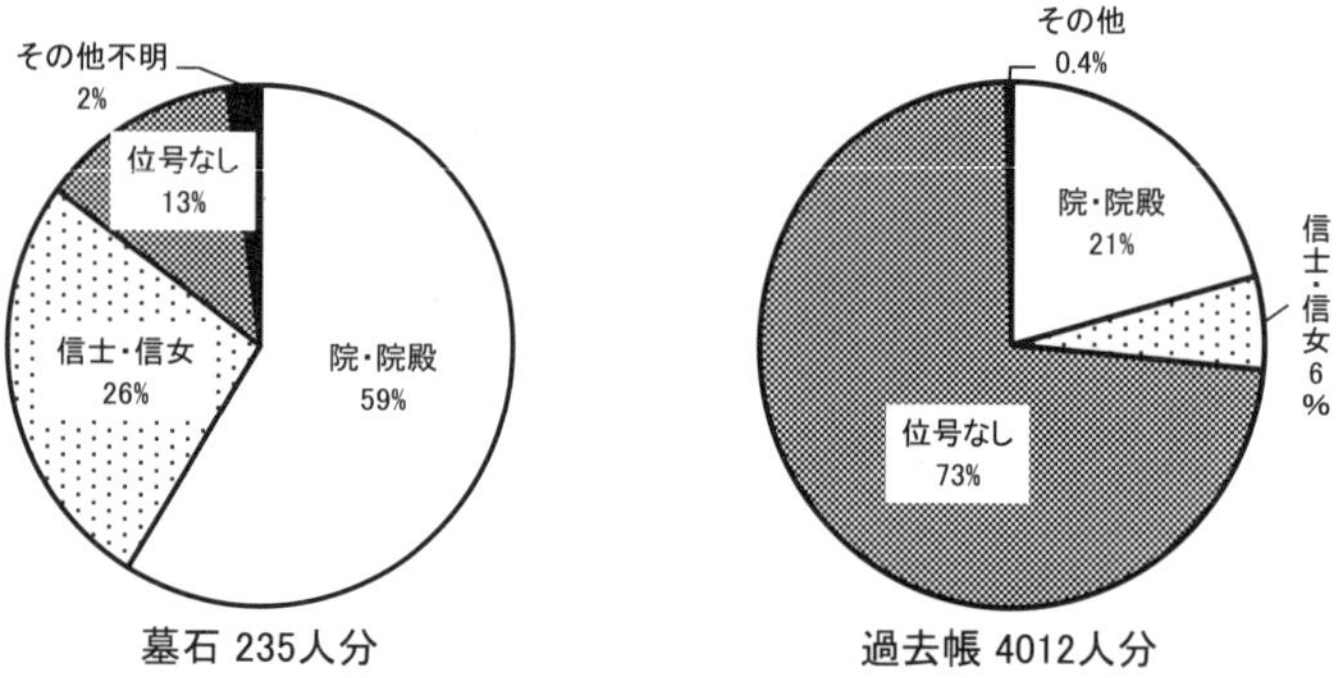


図27　青森県黒石市妙経寺の檀家の戒名組成

仮定しよう。この仮定だと、院殿・院号八三一人と法師・大徳九人は全員墓石が建てられ、信士・信女は四分の一に当たる五七・五人、位号のない者は八分の一の三六六・八人、旧黒石町に住む妙経寺の檀家全体では、約三割が墓石を建てた計算になる。一九世紀に限定すれば、墓石の保有率は六割近くにまで達していたと推定される。

## 先入観を打ち破れ

後述するように、津軽地方は他の地域に比べ、墓石の普及は比較的遅いほうである。また、検討した黒石市の妙経寺の檀家構成は地方都市としては一般的で、墓石を建てられる階層の人々が特に集まっているわけではない。妙経寺で試算された墓石の保有率からは、江戸後期には全国的にも半数近くの人々が墓石を建てていた可能性が見えてきた。「墓石は一部の人しか建てられなかった（したがって墓石を調べても江戸時代の社会の全体像は見えない）」との指摘は、墓石がそれほど普及していなかった江戸前期には当てはまっても、江戸後期には妥当性を欠いている。

また一方で、妙経寺の事例から、江戸時代に建てられた墓石のうち現在残っているのは三割程度にすぎないこともうかがい知ることができた。墓石の残存率は、人口集中の著しい大都市と、過疎化の進む田舎とでは大きく異なるため、妙経寺の数値はあくまで「参考値」にすぎない。しかし、今も昔も墓石を建てる際に多くの人々が心に描く「墓石は永遠だ」という考えは、残念ながら幻想にすぎないようだ。

墓石から江戸時代の社会を考えることは決して不可能ではない。だがその一方で、古い墓石は日々その数を減らし続けている。少子化により無縁墓が急増する今日、古い墓石が姿を消す前に、墓石から江戸時代を生きた人々の声なき声を汲み取る必要があろう。

# 墓石の変化と地域色

## 戦国時代に現れた庶民の墓石

畿内やその周辺の北陸・中国地方では一五世紀頃から、一石五輪塔《いっせきごりんとう》や、丸みを帯びた川原石に仏像を彫った石仏、扁平な石の頭部を山形に、両側を直線的に加工し、表面に仏像・五輪塔・宝篋印塔《ほうきょういんとう》・笠塔婆《かさとうば》などを浮き彫りにした板碑《いたび》が建てられ始め、戦国時代を通して急速に普及していく。これら一石五輪塔・石仏・板碑は、ほとんどが高さ九〇センチに満たない小型品で、当時の先進地域で高僧や上級武家以外の人々が初めて建てることができた墓石であった（図28）。それらは五輪塔や宝篋印塔とは異なり、一つの石から作り出したものが多いが、なかには本体とは別の石で作った笠（屋根）や基礎と組み合わせたものもある。板碑の場合、一石の

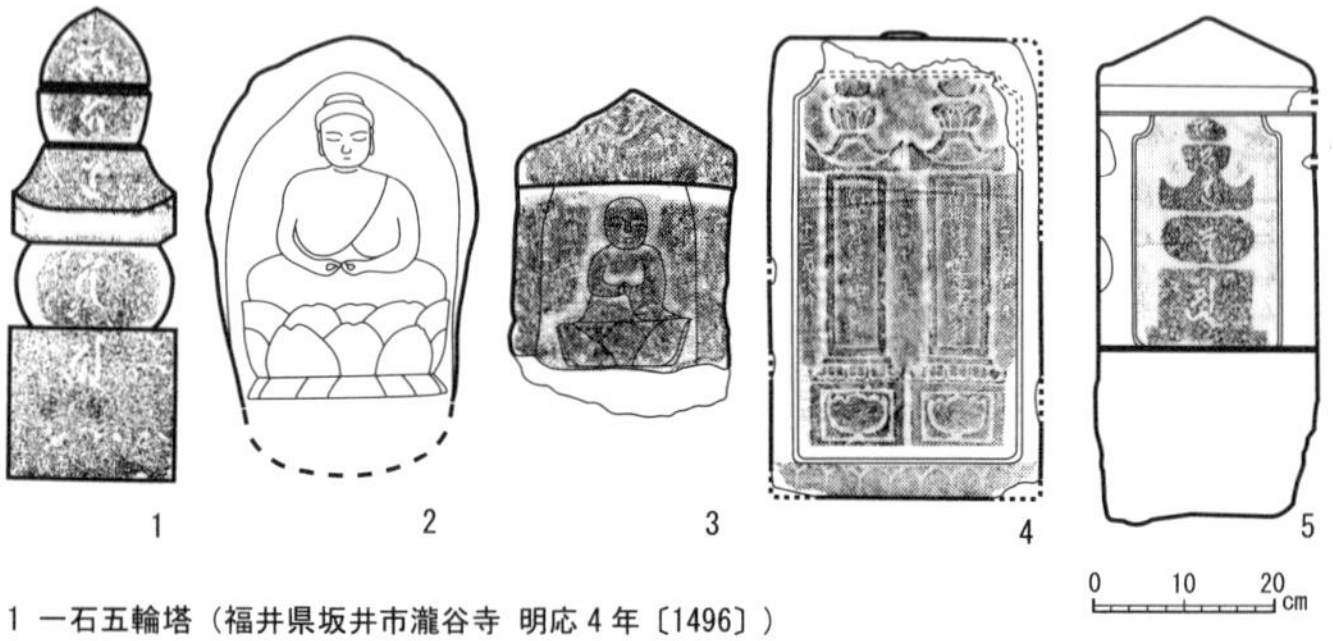


1 一石五輪塔（福井県坂井市瀧谷寺 明応 4 年〔1496〕）
2 石仏（福井県小浜市高成寺）3 有像板碑（福井県小浜市高成寺 文明 7 年〔1475〕）
4 笠塔婆浮彫別石板碑（福井県敦賀市鋳物師町墓地 文明 16 年〔1484〕）
5 五輪塔浮彫一石板碑（福井県敦賀市来迎寺 明応 4 年〔1496〕）

図28　戦国時代の庶民の墓石

ものは下部を尖らせ地面に突き刺すのに対し、別石（組み合わせ式）のものは底が平らで、基礎の上に平置きされる。一石五輪塔は、比較的大型で精巧なものは底が平らだが、小型で粗雑なものは、地面に突き刺せるよう、底が尖っている。越前・若狭では、戦国時代に一石五輪塔を納めるための石廟《せきびょう》が出現し、江戸時代に発展を遂げる。

戦国時代の小型の墓石のなかには戒名《かいみょう》や没年月日を確認できるものもあるが、文字が彫られていないもののほうが圧倒的に多い。稀に表面に墨書の痕跡が確認されることがある。銘文が刻まれていないものには、おそらく墨で戒名や没年月日が記されていたが、何百年もの間、風雨に曝《さら》され消えてしまったのであろう。年号のあるものを時代順に並べてみると、古いものほど大きく精巧に作られており、時代が下るにつれ小型で粗雑になる。おそらくこれら小型の墓石は、上層民の間から造立が始まり、次第に手抜きが図られ価格が下がった結果、より下層の民衆にも広がったと考えられる。銘文が刻まれていない墓石は「既製品」で、供養を依頼された僧侶が、木製卒塔婆と同じように墨で戒名や没年月日を書いたのであろう。

これら畿内を中心に見られる戦国時代の小型の墓石は、五輪塔を簡略化した一石五輪塔以外のものも、多くは線刻や浮き彫りにより仏像や五輪塔などの塔が表現されている。それらは死者の供養を願う人々によって仏像や石塔の代わりに用いられたのであろう。

高僧や武家の墓石である大型の五輪塔や宝篋印塔が基本的に一人の供養のために建てられているのに対して、これら戦国時代に普及した小型の墓石には、五輪塔などの塔や仏像を対に彫ったものが少なくない。また、一つの墓石に夫婦と見られる男女の戒名を併記したものも珍しくない。これまで夫婦墓が普及するのは江戸前期と考えられてきたが、「墓石先進地域」であった畿内や北陸地方では戦国時代まで遡《さかのぼ》る可能性が高い。

一方、関東地方では鎌倉時代から室町時代に盛行した板碑が、戦国時代には急速に減少する。戦国時代の関東地方では有力者を中心に宝篋印塔やラントウと呼ばれる廟墓《びょうぼ》が建てられており、江戸時代に引き継がれる。ラントウは家屋構造を呈する廟墓で、内部には石仏や一石五輪塔・一石宝篋印塔・石製位牌《いはい》などが納められている（水谷類『廟墓ラントウと現世浄土の思想』雄山閣、二〇〇九年）。

## 「墓石時代」の到来

古墳が多数作られた時代を古墳時代と呼ぶなら、北は松前藩から南は鹿児島藩まで、上は将軍・大名から下は一般民衆までこぞって墓石を建てるようになった江戸時代はさしずめ「墓石時代」といえよう。二六〇年に及ぶ江戸時代を通して、墓石は個人墓・夫婦墓から家族墓へと主体が移行し、それにより墓石の普及がよりいっそう加速化した。江戸時代に実現した高い識字率も、文字を刻む墓石の普及を後押ししたに違いない。ここでは大規模な墓石調査の事例に基づき、江戸時代を通して墓石が普及する様子を見てみよう（図29）。

図29は、北は北海道松前町から南は奈良県天理市まで全国八ヶ所の調査地点を選び、一六〇一年から幕末まで、一〇年ごとに墓石の数（棒グラフ）と墓石に刻まれた被供養者の人数（折れ線グラフ）を集計したものである。前述のように、幕末に亡くなった人は、明治以降の年号を有する墓石へ刻まれている可能性がある。明治以降の年号を有する墓石を調査対象から除外した場合、幕末の被供養者数が低く見積もられることになる。対象とす

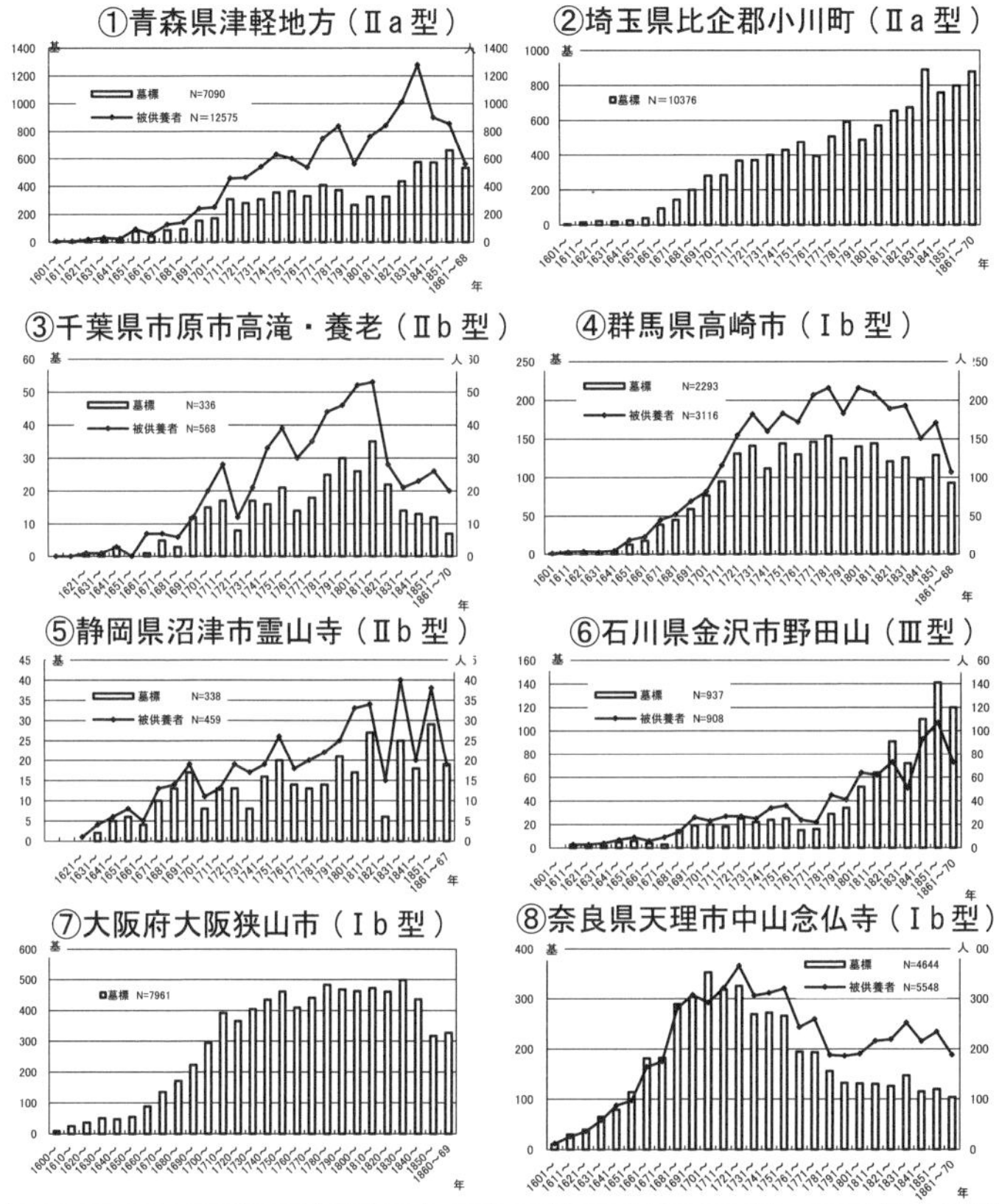


| | ① | ② | ③ | ④ | ⑤ | ⑥ | ⑦ | ⑧ |
|---|---|---|---|---|---|---|---|---|
| 歴史的環境 | 城下町と周辺農村 | 農村 | 農村 | 城下町・宿場町・農村 | 農村寺院内墓地 | 城下町 | 城下町と周辺農村 | 農村郷墓 |
| 調査墓地数 | 56ヶ寺25ヶ所 | 29ヶ寺153ヶ所 | 13ヶ所 | 4ヶ寺 | 1ヶ寺 | 1ヶ所 | 2ヶ寺9ヶ所 | 1ヶ寺 |
| 対象時期 | 1601～1868年 | 1601～1870年 | 1601～1870年 | 1601～1868年 | 1631～1870年 | 1611～1870年 | 1601～1869年 | 1601～1870年 |
| 墓石数 | 7090基 | 10376基 | 336基 | 2293基 | 348基 | 937基 | 7961基 | 4644基 |
| 被供養者数 | 12575人 | 不明 | 568人 | 3116人 | 459人 | 908人 | 不明 | 5548人 |
| データの出典 | 関根達人・澁谷悠子編2007『津軽の近世墓標』弘前大学人文学部文化財論ゼミナール調査報告Ⅶ | 小川町編2000『小川町の墓石調査報告書』小川町 | 谷川章雄1989「近世墓標の変遷と家意識―千葉県市原市高滝・養老地区の近世墓標の再検討―」『史観』121 | 高崎市市史編さん委員会編2003『新編　高崎市史』資料編13　近世石造物墓石編　高崎市 | 沼津市教育委員会文化振興課編2002『上香貫霊山寺の近世墓』沼津市史編さん調査報告書14 | 金沢市編2003『野田山墓地』金沢市文化財紀要200　金沢市埋蔵文化財センター | 市川秀之2002「先祖代々之墓の成立」『日本民俗学』230 | 白石太一郎・村木二郎編2004『国立歴史民俗博物館研究報告』111 |

図29　墓石の普及

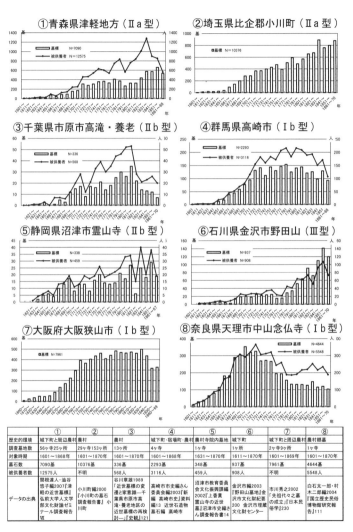

る墓石の年代は調査によって異なり、江戸時代の年号を有するもののみを対象としている場合もあれば、近現代の墓石まで含め調査している場合もある。したがって共通して比較できるのは、おおよそ一八三〇年代以前ということになる。

墓石の造立がピークを迎える時期に着目すると、早々と一八世紀前半代にピークが来るⅠ類、増減を繰り返しながらも大局的には時代が下るにつれ墓石の数が増え、一八世紀末から一九世紀代にピークを迎えるⅡ類、一七・一八世紀には墓石の造立がきわめて低調で、一九世紀代に入り急速に墓石が建てられるようになるⅢ類に大別できる。

Ⅰ類が主に奈良・京都など畿内に特徴的に見られるのに対して、Ⅱ類は東北から関東・東海など東日本に多く認められる。Ⅰ類すなわち「畿内型」は一八世紀以降の造立数の変遷により、減少し続け再び増加することのないⅠａ類と、ほぼ横這いで推移するⅠｂ類に細分できる。Ⅱ類、すなわち「東日本型」は、「山」の位置により、第一の「山」が一七一〇〜三〇年代、第二の「山」が一七七〇〜九〇年代、第三の「山」が一八三〇年代にあるⅡａ類と、第一の「山」が一七一〇〜二〇年代、第二の「山」が一七五〇〜八〇年代、第三の「山」が一八〇〇〜一〇年代にあるⅡｂ類に細分できる。Ⅱａ類は、東北地方から北関東に特徴的であり、「東日本型」のなかでも「東北型」と呼ぶ。Ⅱｂ類は、江戸を中心に関東や東海地方に特徴的に見られることから「関東型」といえそうである。

「畿内型」「東北型」「関東型」の差異は、基本的には墓石が普及する時期の違いと人口変動の地域差に求めることができよう。畿内は全国で最も墓石の普及が早い。第一の「山」に関して「関東型」が「東北型」よりやや先行するのは、東北よりも江戸を含む関東周辺のほうが先に墓石建立ブームを迎えたことを示している。なお、「東北型」の第二・第三の「山」は天明・天保の飢饉による死者数の増加を反映していると見られる。

Ⅲ類とした金沢市野田山墓地は、加賀金沢藩主前田家の墓所として成立したが、後に上級武士、さらには下級武士・町人にも埋葬を許可した経緯を持つ。墓石の数が一七八〇年代以後爆発的に増えているのは、墓地に葬られる被供養者の身分・階層の幅が拡大したという、野田山墓地特有の事情によるものと見られる。

畿内では一七世紀代に墓石が徐々に普及し、一八世紀前半代にはほぼ普及率が頭打ちとなったのに対し、関東・東北では、一八世紀前半に最初の墓石の建立ブームが起き、その後も一八世紀を通して墓石が広まっていく様子が窺える。

次に棒グラフ（墓石の数）と折れ線グラフ（被供養者数）の関係を見てみよう。墓石一基に対して被供養者が一人ならば、棒グラフと折れ線グラフの値は等しく、一基当たりの被供養者数が多くなればなるほど、両者の値が離れる。一七世紀代はどこも棒グラフと折れ線グラフとがほぼ重なっているが、一八世紀以降は、六地点のうち特殊な事情を持つ野田山墓地を除く五ヶ所では、いずれも棒グラフと折れ線グラフとが明確に乖離《かいり》している。特に津軽地方や奈良県天理市念仏寺では時代が下るにつれ、墓石の数と被供養者数との開きが大きくなっている。一七世紀の墓石は個人墓が多く、一八世紀以降は夫婦墓・家族墓が主体となり、一基当たりの被供養者の数が増加したことが分かるであろう。

## 多様化する墓石

我が国の墓石は、仏舎利《ぶっしゃり》を納めるためのストゥーパ（仏塔）に起源を持つ五輪塔に始まる。鎌倉時代には中国・宋から経典を納める宝篋印塔や無縫塔《むほうとう》（卵塔《らんとう》）が伝来し、武家や高僧の供養塔に用いられるようになる。同じく鎌倉時代には関東地方で板石に梵字《ぼんじ》や被供養者名・供養年月日などを刻む板碑の造立が始まり、各地に広がった。一四世紀までの墓石は、五輪塔・宝篋印塔・無縫塔・板碑にほぼ限られていたが、畿内を中心に墓石の建立が一般民衆に拡大した戦国時代には、小型化・省略化に伴い、墓石のバリエーションが増えた。前述のとおり、畿内を中心に見られる戦国時代の小型の墓石は、板碑形であっても線刻や浮き彫りで五輪塔などの塔を表現したものが多い。さすが古くから墓塔の伝統が根付く地域だけあって、塔へのこだわりが感じられる。

幕藩制により藩を単位とする支配体制が固まった江戸時代には、屋敷の位置、敷地面積、家屋の造作、身なりと並んで、墓石は身分を表徴する重要な装置の役割を担っていた。その結果、将軍・大名から一般民衆に至るまで、社会的・経済的地位に応じてさまざまな形や大きさの墓石が建立されることとなった。

江戸時代の墓石は、時代や地域で異なり多様だが、形状から「塔系墓石」「碑系墓石」「方柱墓石」「その他」に大別できる（図30）。「塔系墓石」は、いずれも戦国時代以前から見られる伝統的な墓石である。「碑系墓石」には板碑形に加え、舟形・位牌形・櫛形・駒形など江戸時代に現れる新たな墓石が含まれる。板碑形は、大きく関西式と関東式に分けられる。山形の屋根（笠）の下に二条線を施す関西式が戦国時代から存在するのに対して、山形の屋根（笠）の下に「Ω」状のアーチを施した関東式は、尖頂舟形墓標とも呼ばれ、江戸初期の元和年間（一六一九〜二三）に江戸で始まり、関東地方では寛文年間から元禄・宝永年間（一六六一〜一七一〇）頃まで主体を占める（池上悟『石造供養塔論攷』ニューサイエンス社、二〇〇七年）。「方柱墓石」は戒名や没年月日を刻む棹石《さおいし》が方柱を呈するもので、いずれも江戸時代に出現する。「その他」には、仏像を立体的に表現した丸彫形形や、それを方柱の台石の上に載せた台付丸彫形、形状の定まらない自然石を用いた不定形

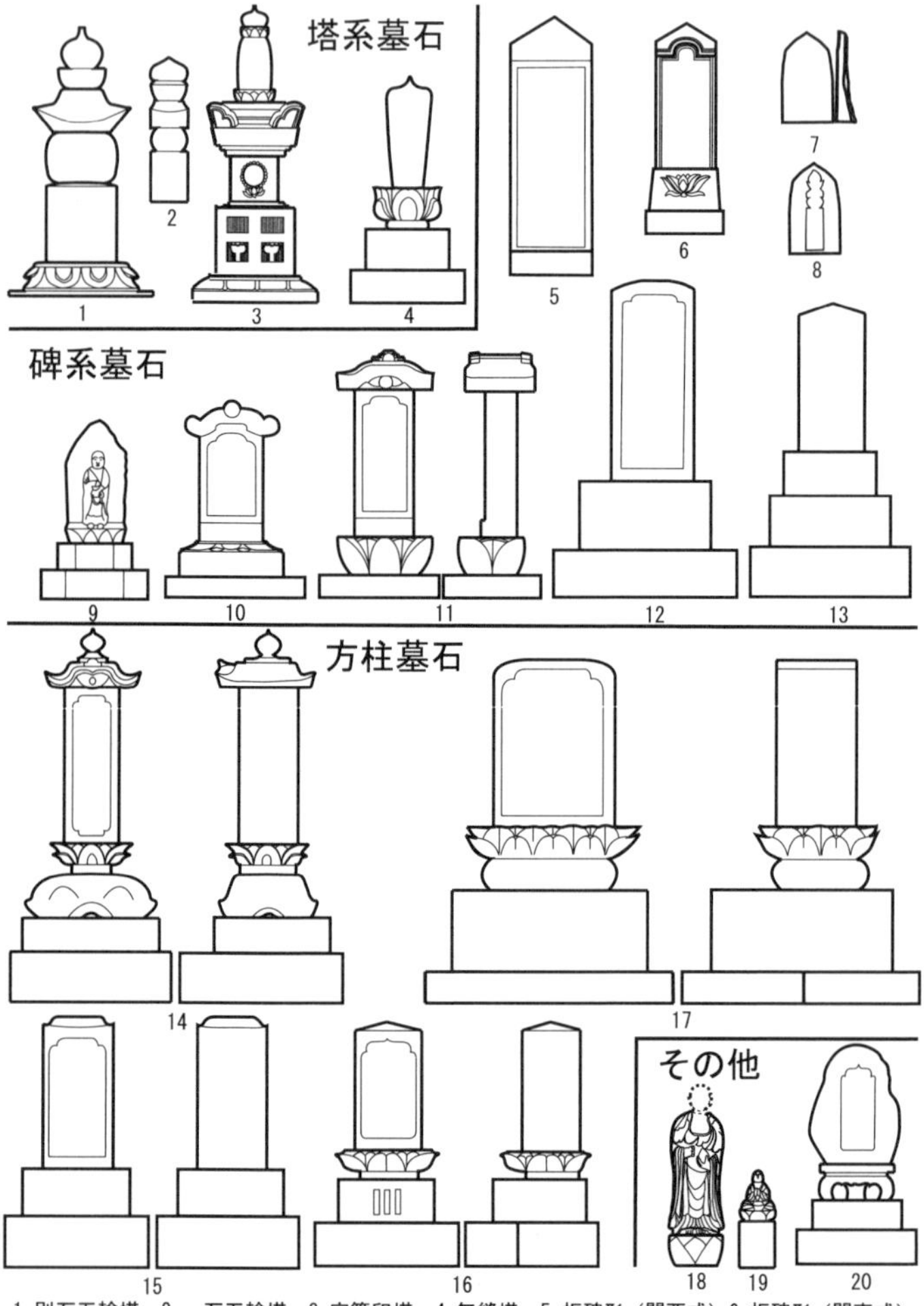


1 別石五輪塔　2 一石五輪塔　3 宝篋印塔　4 無縫塔　5 板碑形（関西式）6 板碑形（関東式）
7 舟形　8 五輪塔浮彫付舟形　9 有像舟形　10 一石位牌形　11 別石位牌形　12 櫛形　13 駒形
14 笠塔婆　15 丘状頭角柱　16 尖頭角柱　17 箱形　18 丸彫形　19 台付丸彫形　20 不定形

0　50　100cm

図30　江戸時代の代表的な墓石の形

などが含まれる。

## 墓石の流行を追う

現代日本の墓石が伝統的な和型から洋型へ、洋型からデザイン型へと変化しているように、江戸時代にも墓石の形には流行《はや》り廃《すた》りがあった。特に墓石を建てる人々が増えた一七世紀後半から一八世紀前半には、多様な形態の墓石が併存して建てられており、一時期流行ったかと思えば、短期間に廃れるものも見られる。

ここでは一六世紀代の紀年銘のある墓石が多く存在し、中世から近世へ墓石の変化を連続的に検討できる福井県敦賀市内を例に、墓石の流行を見てみよう（図31）。

筆者らは二〇一五年、福井県敦賀市内の二六ヶ寺と七ヶ所の墓地で合計一八七七基、被供養者数にして六二六五人分の中世・近世の墓石の悉皆《しっかい》調査を行った。年号が記された最古の墓石は、永享一〇年（一四三八）の笠塔婆が浮き彫りされた一石板碑形である。敦賀では一五六〇年代まで板碑形が墓石の主流であったが、一五七〇年代頃から板碑に替わり一石五輪塔が主流を占めるようになり、板碑は激減する。一石五輪塔は一六六〇年代までは過半数を占めているが、一六七〇～九〇年代には位牌形・笠塔婆・櫛形・角柱形・舟形など多様な墓石が現れ、一七〇〇年代には少数派に転落する。一七三〇年代以降は幕末ま

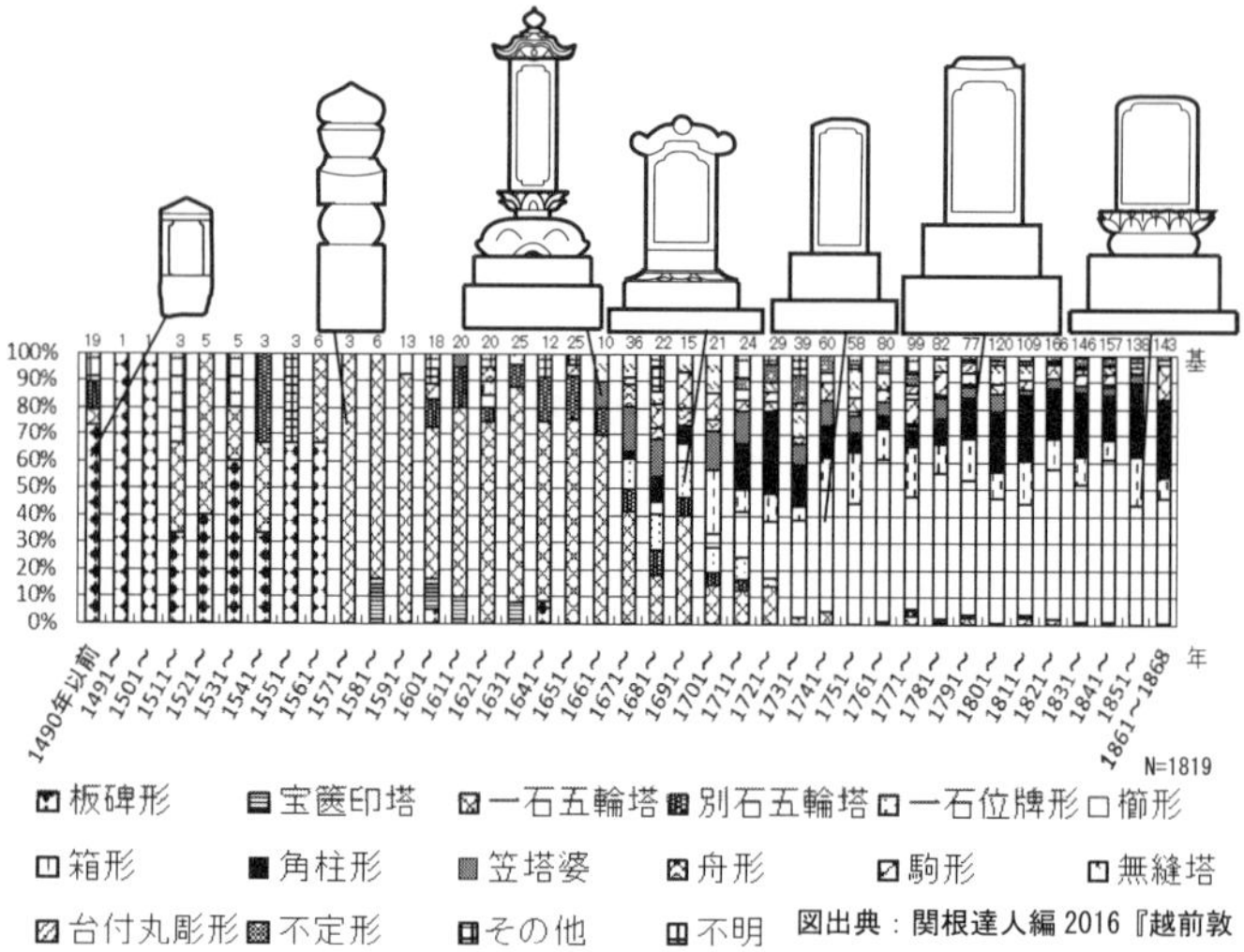


図出典：関根達人編 2016『越前敦賀の中近世石造物』掲載図を加工

図31　墓石の流行（福井県敦賀市）

で櫛形が主流で、これに角柱形と箱形を加えた三者で、全体の七〜九割を占め続ける。厚みのある角柱形・箱形は、前後左右の四面に文字を刻むことができるため、多くの戒名や没年月日を刻む必要のある家族墓に適している。個人墓・夫婦墓から家族墓への変化が、墓石の形をも変えてしまったのである。

角柱形は現在「和型」と呼ばれるように、江戸後期以降、「洋型」に首位を奪われる二一世紀の初めまで、二世紀以上にわたって日本の墓石の代表的存在であった。江戸時代の墓石の流行に照らし合わせると、現在進行している角柱形（和型）の衰退は、家族墓の衰退によるところが大きいと思われる。

## 墓石の多様性と地域性

江戸時代の墓石は、大局的には前半の個人墓・夫婦墓主体から後半の家族墓主体への変化に対応し、「塔系墓石」と「碑系墓石」の組み合わせから「碑系墓石」と「方柱墓石」の組み合わせへと変化した。しかし実際には、地域によって変化の速度は異なり、墓石の形にも差が見られる。特に「碑系墓石」は種類が豊富で、地域差も大きい。

現在の日本は、破風墓（図32）や亀甲墓（図33）など琉球国時代以来の独特の墓制が今なお引き継がれている沖縄県を除き、墓石に顕著な地域差は見られない。宗教による違いはあっても、同じ仏教徒であれば、宗派に関係なく、北は北海道から南は鹿児島県まで同じような墓が建てられている。しかし幕藩体制下の江戸時代には墓石の地域差は大きく、隣り合う藩でも、必ずしも同じような墓石が建てられているとは限らない。ある地域で主体を占める墓石が、他所では全く見当たらないことも珍しくない。

ここでは、北海道松前町旧福山城下町、青森県弘前城下町、群馬県高崎市、奈良県天理市中山念仏寺の四ヶ所の墓石の比較を通して、墓石の共通性と地域差を見てみよう（図34）。

図32　破風墓（沖縄県大宜味村根路銘，2017年筆者撮影）

図33　亀甲墓（沖縄県那覇市天久緑地内，2012年筆者撮影）

旧福山城下町では一一ヶ寺の寺院内墓地にある五四三〇基の墓石が対象となる（関根達人編『松前の墓石から見た近世日本』北海道出版企画センター、二〇一二年）。一七世紀に主流を占めるのは五輪塔と位牌形であり、それぞれ一石のものと別石のものとがある。一七世紀後半には笠塔婆が現れ、位牌形と入れ替わる形で増え、一八世紀中頃まで続く。一八世紀初めに現れた櫛形は、一八世紀半ば以降は幕末まで主体を占め続ける。櫛形よりやや遅れて出現した丘状頭角柱形は、一七七〇年代以降は櫛形に次ぐ割合を占めている。

弘前城下町では西茂森町と新寺町の二ヶ所の寺院街にある六二三七基の墓石が対象となる（関根達人・澁谷悠子編『津軽の近世墓標』弘前大学人文学部文化財論ゼミナール調査報告Ⅶ、二〇〇七年）。一七世紀には板碑形と不定形が多く、一七世紀末から一八世紀前半には一時的に駒形の割合が増加するものの、一八世紀半ば以降は幕末まで丘状頭角柱形が主体を占め続ける。

群馬県高崎市では市内四ヶ寺二二九三基の墓石が対象となる（高崎市史編さん委員会編『新編高崎市史　資料編一三　近世石造物墓石編』、二〇〇三年）。主要な墓石は、五輪塔（一七世紀前半）→板碑形（一七世紀中頃〜一八世紀前半）→櫛形（一七世紀末〜一八世紀中頃）→尖頭角柱形（一八世紀前半〜一九世紀前半）→丘状頭角柱形（一九世紀）と、重複しつつ変

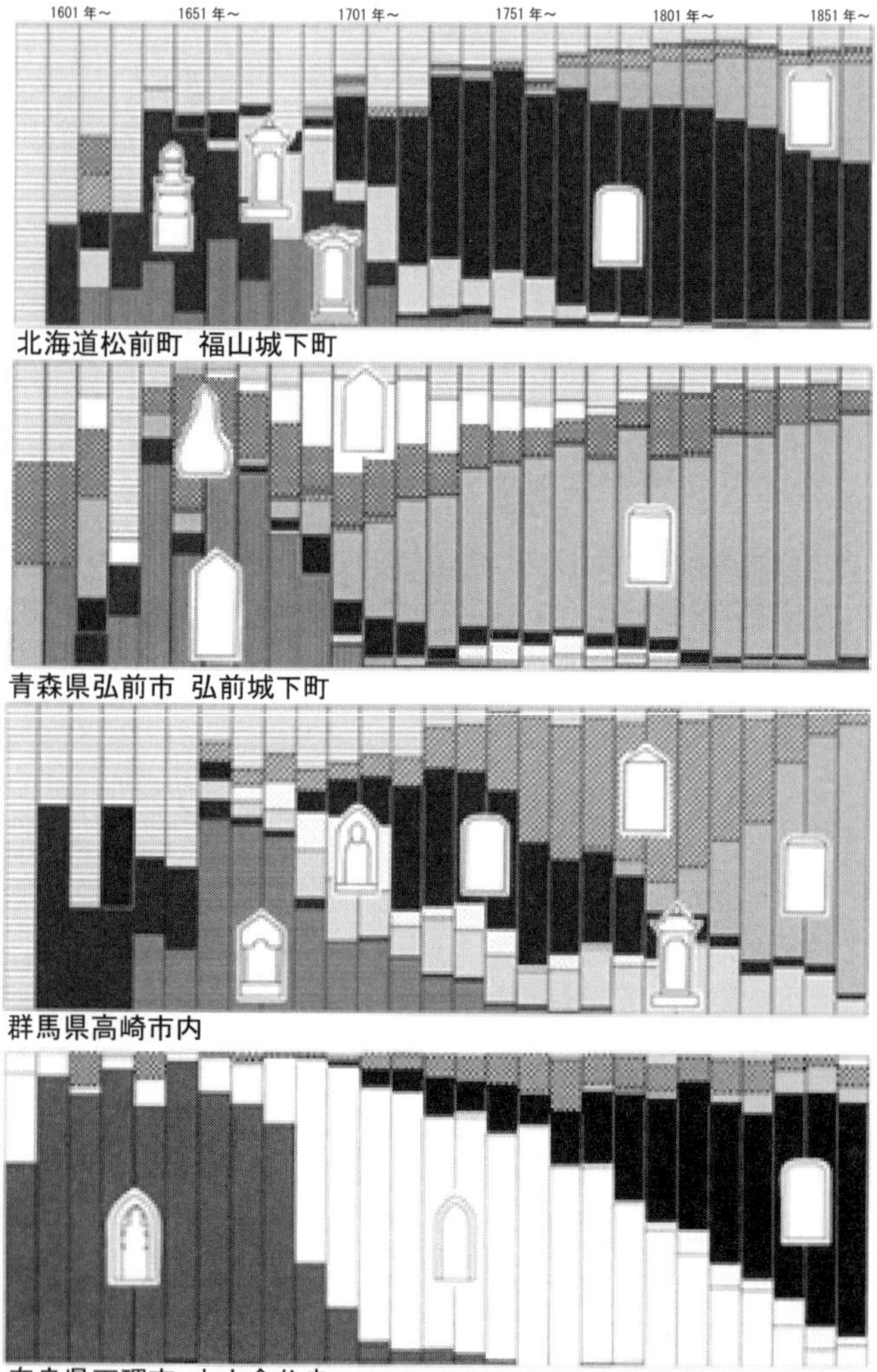


図出典：林久美子 2012「墓石の流行からみた情報伝達」
（関根達人編『松前の墓石からみた近世日本』所収）

図34　墓石の地域性

化する。

中山念仏寺墓地は一〇ヶ村の共同入会墓地（郷墓）で、四六四四基が対象となる（白石太一郎・村木二郎編『国立歴史民俗博物館研究報告』一一一、二〇〇四年）。主体となる墓石は、一部重複しながらも、五輪塔線刻舟形（一七世紀）→舟形（一八世紀）→櫛形（一九世紀）と変化している。

**西の櫛形・東の角柱形**

江戸時代の墓石は、地域によって多少の時差はあるものの、どの地域でも墓石の大衆化の第一波が到達する一七世紀後半～一八世紀初めと、家族墓が普及する一八世紀後半から一九世紀初めにかけて大きく変化している。前者による変化は地域差が大きく、新しく登場する墓石も地域ごとに違いがある。後者に関して最も家族墓に適した墓石は、四面に沢山の戒名や没年月日が刻める角柱形や箱形などの方柱墓石である。

確かにほとんどの地域で一九世紀には方柱墓石が見られるが、それらが先行する櫛形の墓石を追い抜き、主体を占めるようになる地域もあれば、方柱墓石が現れた後も引き続き櫛形が主体を占め続ける地域もある。江戸を含め東日本では一九世紀には丘状頭角柱形や尖頭角柱形など方柱墓石が主体を占め、西日本では一九世紀に入っても櫛型が主体を占めている。日本海側では北国街道の難所である福井県の木ノ芽峠を境に、それより北では方柱墓石、それより南では櫛形が卓越する。福井県内の一九世紀の主たる墓石は、嶺北《れいほく》の坂井市三国町では方柱墓石の丘状頭角柱形なのに対し、嶺南《れいなん》の敦賀市や小浜市では櫛形である。敦賀や小浜の位置する嶺南地方は、古くから畿内の外港として機能していた若狭湾岸に位置するとともに北陸道の入口であり、京や近江、丹後との交流が盛んであった。

筆者が知る唯一の例外が北海道最南端に位置する松前町旧福山城下町である。松前は東日本で唯一、幕末に至るまで櫛形が方柱墓石を上回っている。松前藩と弘前藩を隔てる津軽海峡は、白神岬《しらかみみさき》と竜飛岬《たつぴみさき》間でわずか一九・五キロしかないが、一九世紀には、弘前城下町の墓石が「東日本型」であるのに対して、松前は「西日本型」なのである。近世日本海航路の北のターミナルであった松前は、海運により越前敦賀や若狭小浜と直結しており、墓石も多分に西日本的様相が色濃い（本書「墓石に現れたヒト・モノ・情報の交流」の章を参照）。

# 墓石から分かる歴史災害

# 歴史人口学にチャレンジ

## 人的被害状況が知りたい

一九九五年の阪神・淡路大震災以降、歴史学の分野では災害史研究が盛んである。二〇一一年の東日本大震災に伴う大津波、二〇一六年熊本地震と自然災害が相次いだことで、多くの人が過去の歴史災害に関心を寄せるようになった。

阪神・淡路大震災から数年後、新聞で震災の犠牲になった人々を悼《いた》む石碑が建てられ、それらが社会学の研究対象になっていることを知った。記事を目にした際、東北地方の各地に残る江戸時代の飢饉供養塔が頭に思い浮かんだ。「江戸小氷期」と呼ばれるように、江戸時代は全体的には気温の低い時代で、東北地方は繰り返される冷害型の飢饉に悩まされた。避けようのない地震と異なり、飢饉は多分に社会的要因が大きく、それゆえにより深刻な被害が発生しやすく、影響も長期に及ぶ（菊池勇夫『飢饉―飢えと食の日本史』集英社新書、二〇〇〇年）。なかでも元禄・天明・天保の三大飢饉の被害は甚大かつ広範囲に及んだことで知られる。飢饉供養塔は東北地方に限らず全国各地にある。西日本では享保一七年（一七三二）に梅雨の長雨と虫害によって引き起こされた享保の飢饉に関するものが多い。

二〇〇一年に弘前大学に赴任した私が最初に手掛けたのは、青森県内に残る江戸時代の飢饉供養塔の調査であった。およそ三年をかけてゼミの学生とともに県内を隈なく歩き、合計一二八基の飢饉供養塔を確認することができた。飢饉供養塔は一周忌から五〇回忌までの年回忌に合わせて建てられたものが多く、文字どおりこの世の地獄を生き延びた人々が物心両面で危機的状況から立ち直ろうとするたくましい姿を読み取ることができた。

記憶に新しい東日本大震災の犠牲者は、二〇一七年三月の段階で、死者一万五八九三人・行方不明者二五五三人という（警察庁発表）。今後も新たな遺体発見などにより死者数が若干変わる余地はあるものの、かなり正確な数字と見て良いだろう。一方、江戸時代の飢饉のなかには、未曽有と形容された東日本大震災をはるかに上回る災害も多く、正確な犠牲者数の分からないものが少なくない。東北三大飢饉の場合、最も新しい天保の飢饉については、死者と行方不明者の具体的な数がおおよそ判明している藩が多いが、元禄や天明の飢饉は概数を把握することすら覚束《おぼつか》ない。例えば弘前藩の場合、天保の飢饉では七年間で死者三万五六一六人、他領への逃散者四万七〇四三人との記録がある（『津軽歴代記類』）。一方で元禄の飢饉の犠牲者は餓死者（一〇万人余）と疫死者を合わせて全領民の約三分の一、天明の飢饉では餓死者・疫死者を合わせ八～一三万人前後（領内人口の半数から三分の一に相当）、他国へ逃れた難民推定約八万人と、非常に大雑把な数字しか分からない。江戸時代最大の飢饉である天明の飢饉については、具体的にどの範囲にまで被害が及んでいたのかさえ定かでなく、推定される犠牲者の総数も三〇万～五〇万人と幅が大きい。豊富にある古文書をもってしても、江戸時代の飢饉の被害状況を正確に把握することは容易ではない。

## 犠牲者数を過少申告

加えて藩の公的記録に残る飢饉の犠牲者数を信じてよいかという問題もある。宝暦五～七年（一七五五～五七）に東北地方を襲った宝暦の飢饉では、東北三大飢饉に次ぐ被害が発生したが、勘定奉行の乳井貢《にゆういみつぐ》による宝暦の改革で藩財政の立て直しに成功した弘前藩では餓死者が出なかったとされてきた。ところ

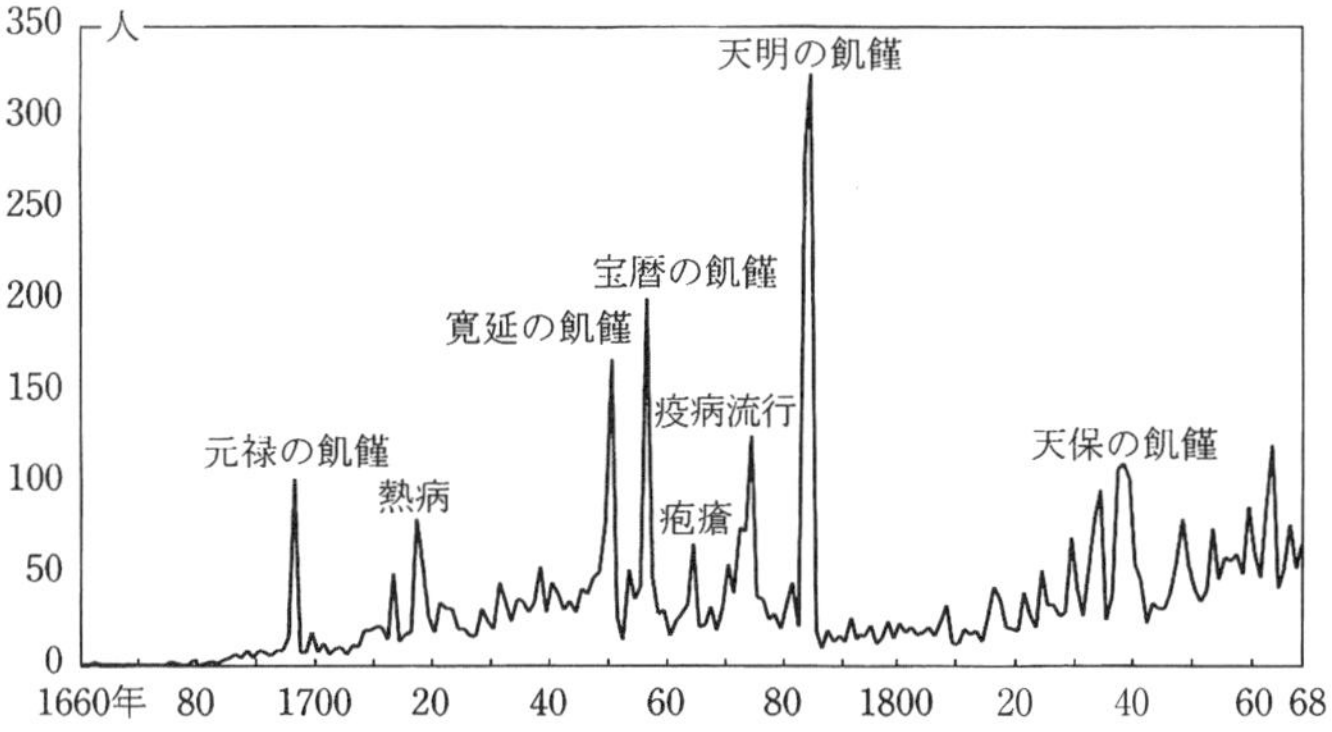


図35　過去帳に現れた宝暦の飢饉

が飢饉の発生から約二五〇年後の二〇〇三年、意外な事実が明らかとなった。筆者らは、中世には三津七湊の一つに数えられ、近世には弘前藩領内で青森・鰺ケ沢《あじがさわ》・深浦に次ぐ重要な湊であった十三湊《とさみなと》（青森県五所川原市）の研究の一環として、地元の湊迎寺に残る過去帳の調査を行った。その結果、これまでの定説を覆《くつがえ》し、弘前藩でも宝暦の飢饉で多数の犠牲者が出ていたことが判明したのである（図35）。檀家の「顧客名簿」である寺院過去帳は、藩の公式記録と異なり、死者数を過少申告する必要がないため、宝暦の飢饉による死者の急増を読み取ることができたのである。弘前藩が犠牲者の隠ぺい工作を図った可能性が高い。同じような隠ぺいは他の藩でも見られる。西日本を襲った享保の飢饉では、幕府からのお咎《とが》めを恐れた多くの藩が、幕府に対して犠牲者数を実際より少なく報告するなか、正直に申告した伊予松山藩では「裁許不行届」として藩主松平定英《まつだいらさだひで》が「差控え」（謹慎）の処分を受けている。

死者数を知るうえで寺院過去帳は確かに役に立つ。しかし前述のとおり、檀家のプライバシー保護の観点から、現在、寺院過去帳を閲覧することは、たとえ研究のためであってもきわめて難しい。また、他の古文書同様、紙に書かれた過去帳は火災や水害に弱く、創建時からの過去帳が全て揃っている寺院は驚くほど少ない。過去帳が比較的よく残っている寺院でも、ある時期の過去帳が欠落し、その間の死者数が分からない場合が多い。

江戸時代の墓石にもたいていは死者の没年月日が刻まれている。しかも過去帳と異なり、墓石は火や水に強いうえ、ある特定の時期の墓石だけが失われたり、処分されたりすることは考えられない。墓石に刻まれた被供養者の没年月日を集計することで死亡変動を復元でき、飢饉や疫病などの災害史研究や歴史人口学に役立つのではないか。そんな単純な発想から、墓石による歴史人口学的研究をスタートさせたのである。

### 歴史人口史料

日本の歴史人口学は、第一回国勢調査が行われた大正九年（一九二〇）以前の人口を研究対象とする。ヨーロッパで成立発展した歴史人口学研究を日本に導入した速水融氏は、婚率・出生率が低い傍系家族や下人を多く抱える大規模世帯（「中世的」な家）が一八世紀後半を境に解体消滅し、単婚世帯が増加することによって結婚率・出生率の上昇、ひいては人口の爆発的増加が生じたことを明らかにした（速水融『近世農村の歴史人口学的研究』東洋経済新報社、一九七三年）。歴史人口学研究は、今日、社会経済史の分野に止まらず、保健衛生学や疫学などを含め多方面に展開を見せている。研究対象地域も農村から中小都市（在郷町）や大都市へと拡大している（速水融『歴史人口学研究』藤原書店、二〇〇九年）。

飢饉に関しても、戸主の在不在や高齢者の有無など家族構成と飢饉の被害状況との関連性を検討するものや、飢饉による出生率の抑制効果に関するものなど多様な研究が行われている。他にも、過去帳研究でしばしば不明とされることの多い檀家総人数の復元なども試みられている。

江戸時代を対象とした歴史人口学は多様な展開を見せているが、人別帳や宗門改帳を用いた研究が圧倒的に多く、他に過去帳や妊婦を調査した懐妊書上帳などが検討されている（鬼頭宏『人口から読む日本の歴史』講談社学術文庫一四三〇、二〇〇〇年）。これら人口史料はいずれも古文書であり、特に人別帳や宗門改帳の残存度は地域的な偏りが著しい。江戸時代に飢饉の常襲地帯であった東北地方は、残念ながら、他地域に比べ人別帳や宗門改帳があまりよく残っていない。古文書だけから飢饉の実態を把握するには限界があるといわざるを得ない。

## 墓石と過去帳

すでに述べたように、程度の差こそあれ、北は松前藩から南は鹿児島藩まで一八世紀には墓石が普及した。墓石は、死後しばらくたってから年回忌に建てられることが多いため、飢饉など危機的状況下で亡くなった死者も、本来的に墓石を建てることのできる階層に属していれば、最終的には墓石が建てられたと考えられる。墓石から死亡変動はどの程度読み取ることができるのか。はたして人口史料として墓石は過去帳の代わりになりうるのか。過去帳と墓石の死者数の増減を一〇年単位と一年単位で比較してみた。

比較に用いたのは、筆者らが調査した青森県津軽地方弘前市周辺の墓石七〇九〇基（被供養者数一万二五七五人）と、同じく津軽地方の二ヶ寺の寺院過去帳である（図36〜39）。寺院過去帳には元禄・天明・天保の飢饉による死者数の増加が明瞭に表れている。一方、一七世紀代には墓石の建立がまだ少ないため、墓石から元禄の飢饉による死者数の増加を正確に読み取ることはできない。しかし、墓石が増加する一八世紀以降は、墓石と過去帳の数値はほぼ連動しており、墓石からも天明や天保の飢饉による死者数の増加がはっきり

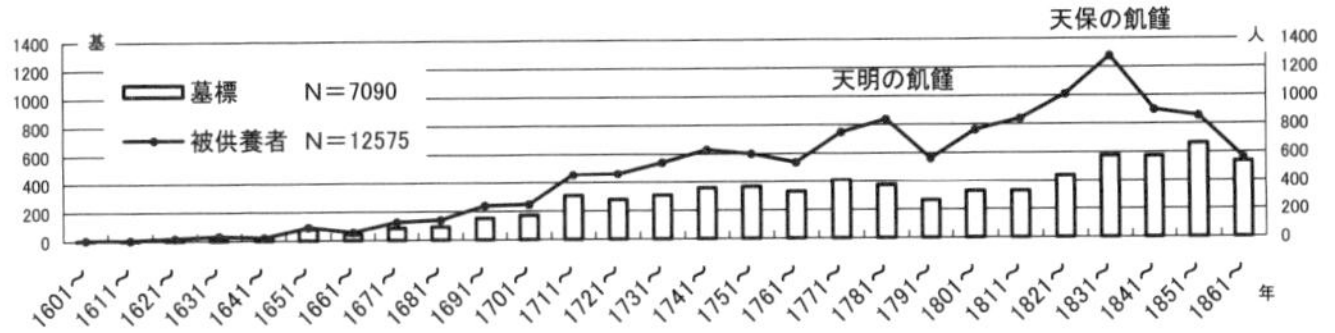


図36　津軽の墓石の数と被供養者数の変遷（10年ごと）

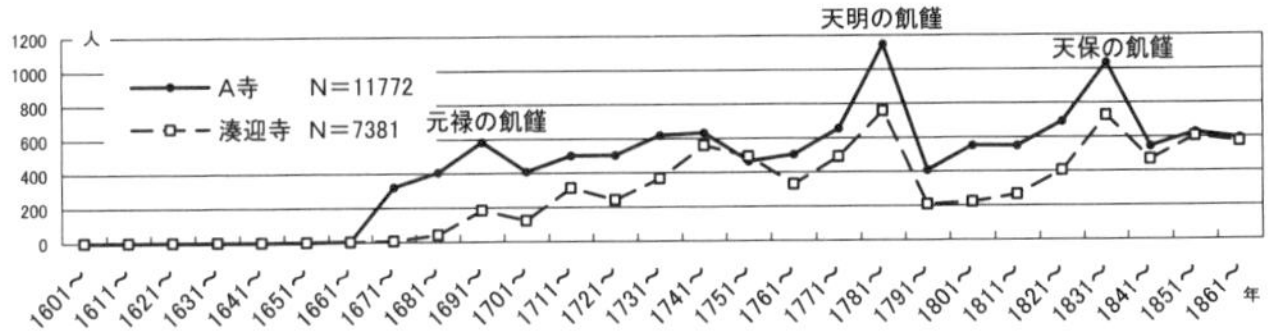


図37　津軽の寺院過去帳に見る被供養者数の変遷（10年ごと）

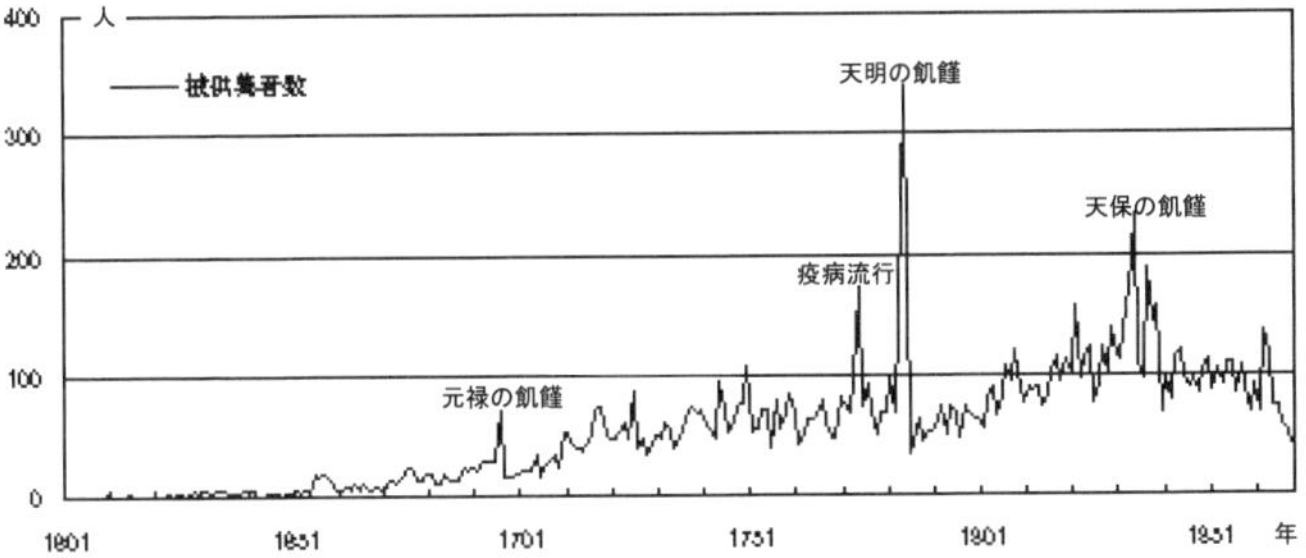


図38　津軽の墓石に見る被供養者数の変遷（１年ごと）

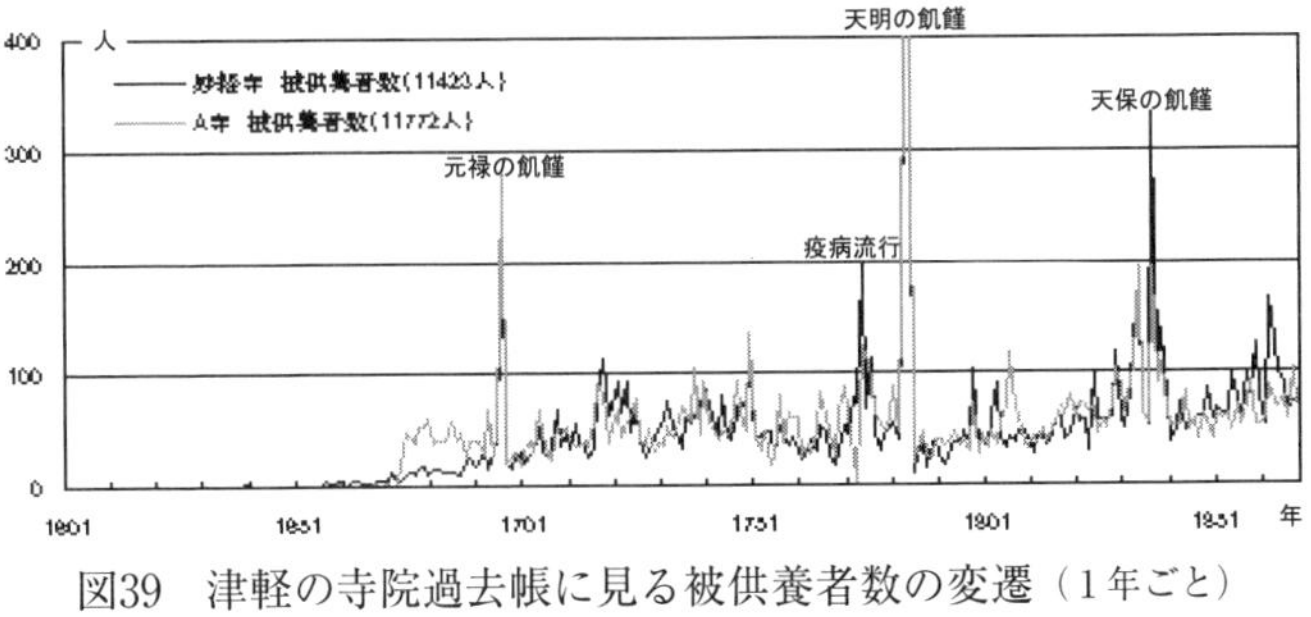


図39　津軽の寺院過去帳に見る被供養者数の変遷（１年ごと）

と読み取れる。墓石が普及する一八世紀以降に関しては、閲覧が非常に難しい寺院過去帳に頼らずとも、墓石から死亡変動をある程度推察することができることが確かめられた。

墓石が普及してさえいれば、死者の記録である過去帳と墓石が連動するのは、ある意味当然といえる。では、生者の記録である人別改帳・宗門改帳と、死者の記録である墓石との間に関連性は見られるのだろうか。

## 墓石と宗門人別帳

筆者らが墓石の調査を行った青森県津軽地方は人口史料が乏しいが、弘前藩随一の湊である旧青森町には、嘉永五年（一八五二）～文久二年（一八六二）のわずか一一年間ではあるが、宗門人別帳が残されていた。宗門人別帳とは、宗門改帳と人別帳が統合された民衆調査のための台帳で、現在の戸籍原簿や租税台帳に相当する。墓石の数や墓石から導かれる被供養者数と、宗門人別帳に記された総戸数・総人数は連動するのか。

旧青森町の総戸数・総人数は、嘉永五年から安政三年（一八五六）までの五年間で、それぞれ年平均二・三パーセント、二・一五パーセントの割合で増加している（図40）。転機が訪れるのは安政四年である。この年は、総人数こそ前年よりわずかに増えているものの、総戸数は三〇軒近く減少している。この年以降、総人数の増加率は鈍り、総戸数は増減を繰り返しほぼ横ばいとなる。新寺町寺院街において、墓石数・被供養者数ともに増加して

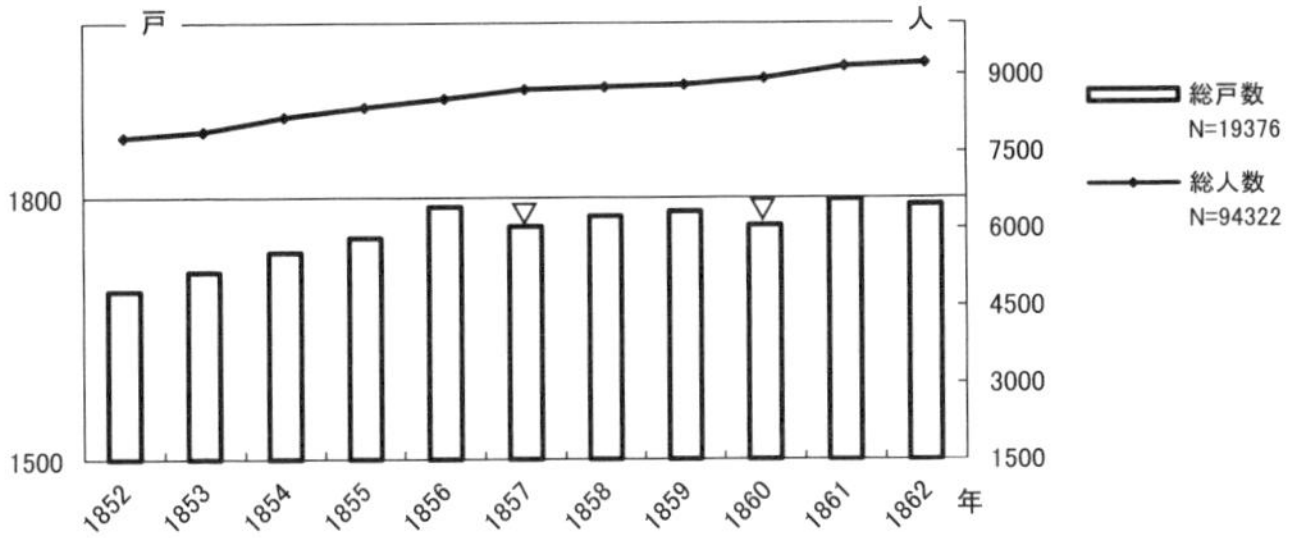


図40 「青森町宗門人別帳」に見る総戸数と総人数

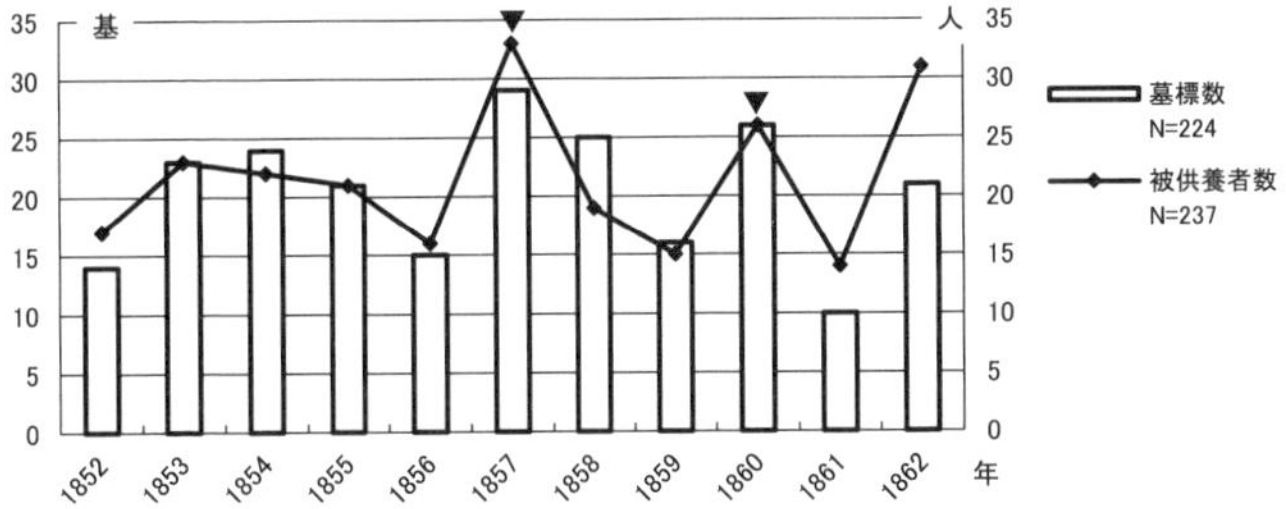


図41　青森県弘前市新寺町寺院街の墓石数と被供養者数

いるのは、「青森町宗門人別帳」で総戸数が減少した安政四年と万延元年（一八六〇）である（図41）。このように墓石数・被供養者数が増加した年に、宗門人別帳の数値が減少・横ばいとなる負の相関が確認された。これは死者の増加による人口減少と理解できよう。少なくとも一九世紀に限っていえば、墓石は人口史料の補完資料として十分役立つことが確かめられた。

# 死亡クライシス年を探せ

### 松前の人口と死者数

私たちが城下町の墓石を調査した弘前藩と松前藩は津軽海峡を挟んで隣接しているにもかかわらず、生業に関しては決定的ともいえる違いがある。すなわち、弘前藩が他の東北諸藩同様、稲作に主たる生産基盤を置いていたのに対して、米が獲れない松前藩は、蝦夷地《えぞち》沿岸の要所に置かれた交易場（「場所」）での対アイヌ交易による収益に立脚していた。米どころとして知られる津軽と、米を全面的に領外から移入していた松前、どちらがより飢饉の被害が大きかったのだろうか。

はじめに松前の人口と墓石に刻まれた被供養者数の推移を見てみよう。比較するのは、歴史人口史料から導き出される近世松前の人口変遷（図42）と、墓石に刻まれた被供養者数の変遷（図43）である。墓石が一定数造立され、墓石に刻まれる死者（被供養者）数の増減が把握可能となる一八世紀以降が検討の対象となる。

一八世紀以降の近世松前の人口変遷は、大きく五期に区分することができる。

Ⅰ期は一七〇〇年代から六〇年代で、人口は、一七一〇・二〇年代に一時的に落ち込むものの、その後もちなおし、全体的にはほぼ横ばいの状態にある。この時期の被供養者数は、人口が一時的に落ち込む時期に重なる形で享保三年（一七一八）と同九年に小さな「山」が認められる。いずれも疫病による大量死が原因と見られる。一七一〇・二〇年代の一時的な人口減少は、そうした疫病によって引き起こされた可能性が高い。

Ⅱ期は一七七〇年代から松前藩が奥州梁川《やながわ》に移封される前年の一八〇六年までで、一八世紀末に一時的な減少はあるものの、期間を通して見れば増加傾向にあり、増加率はⅠ期に比べやや高まる。一八世紀末に見られる人口の一時的な落ち込みと、天明四年（一七八四）の飢饉、寛政四年（一七九二）の疫病に起因する被供養者数の「山」は連動している可能性が高い。全体としては人口と同様、被供養者数もⅠ期に比べ増加率が高まる傾向にある。

Ⅲ期は、松前藩が奥州梁川に移封された一八〇七年から松前に復領する二一年までであ

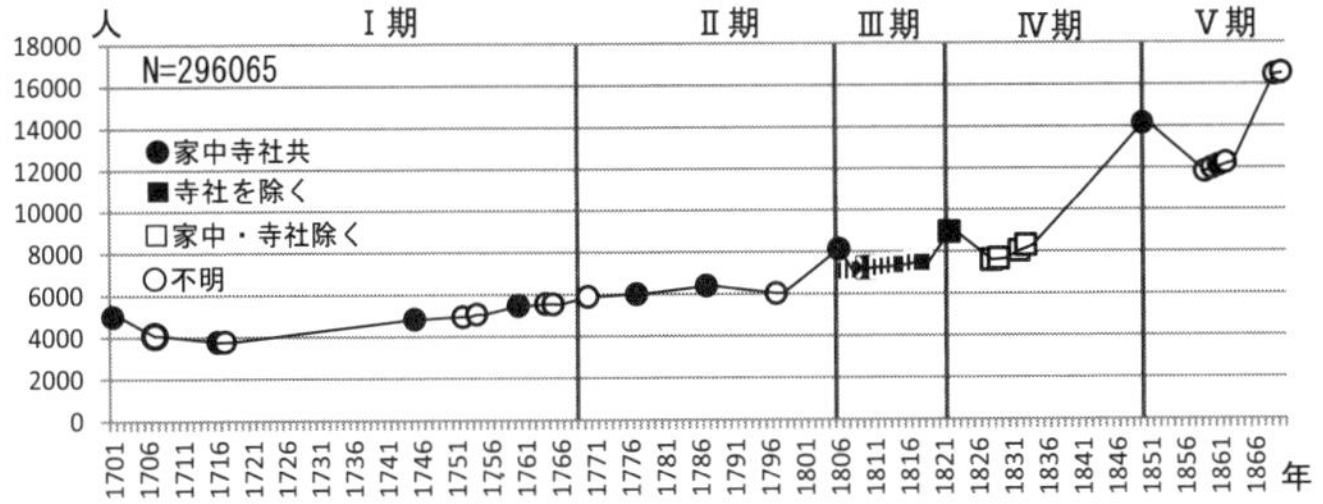


図42　北海道松前町福山城下町における人口の変遷

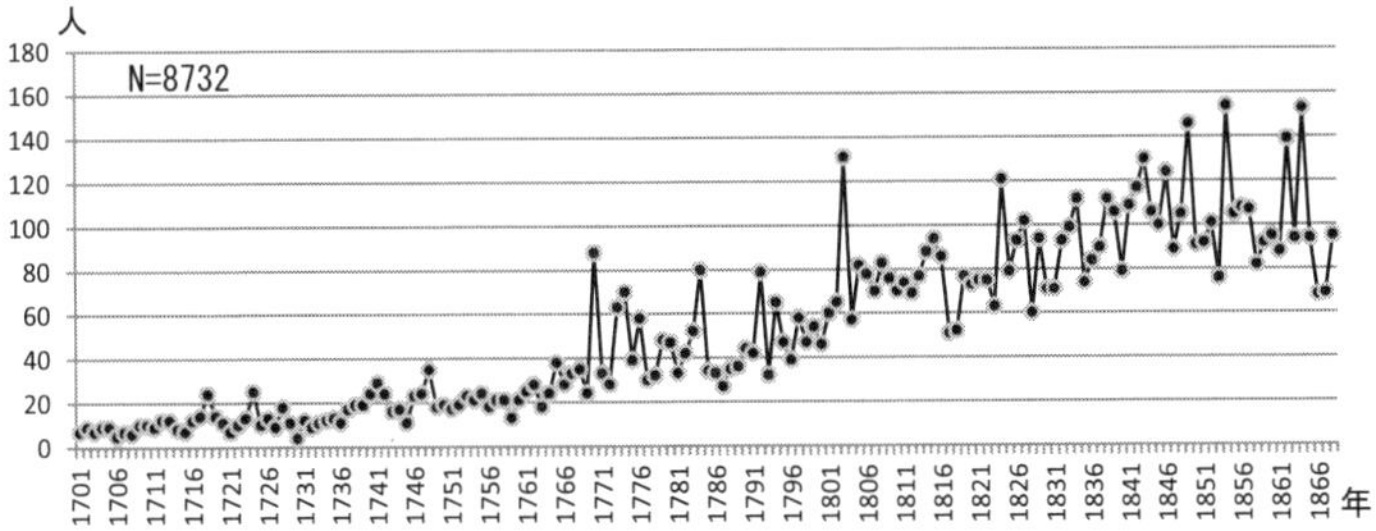


図43　北海道松前町福山城下町の墓石の被供養者数の変遷

る。文化三年（一八〇六）と翌四年との差から、梁川移封により松前を離れた人は一〇〇〇人をやや上回ったと推定される。Ⅲ期を通しての人口増加は微増に留まる。この間、被供養者数も年間七〇～八〇人前後を上下し、特段目立った動きは見られない。

Ⅳ期は、復領後の一八二二年から五〇年までである。復領直後、松前の人口は約一五〇〇人も急増しているが、その多くは梁川から戻ってきた家中であろう。Ⅳ期における家中を含めた人口データは一八二二年と一八五〇年しかなく、その間の一八二八・一八二九・一八三二・一八三三年の四年分のデータは家中を含んでいない。一八二二年と一八五〇年の人口を直線で結ぶと非常に高い増加率となる。Ⅳ期の被供養者数は年間八〇～一四〇人前後を上下しつつ、全体的には人口とほぼ同様の比率で増加している。

Ⅴ期は、一八五〇年代から慶応四年（一八六七）までである。この間の人口データは、旧福山城下に店を持ち、厚岸や余市の場所請負人を務めた竹屋の林家文書「番日記」に拠《よ》るところが大きい。「番日記」に示された一八五九～六二年までの四年分のデータは、家中・寺社などを含むか否か不明だが、嘉永三年（一八五〇）の家中・寺社を含むデータより約二〇〇〇人少ない。この差が有意なものなのか、すなわち人口減少を意味するのか、それとも基本的には家中・寺社を含むか含まないかの差であり、人口そのものはさほど変わっていないのであろうか。後続する明治二年（一八六九）や翌年の人口数は、嘉永三年に比べて二〇〇〇人以上上回っている。もし一八五九〜六二年のデータが家中・社寺を含むとしたら、松前の人口は一八五〇年代に激減した後、一八六〇年代に急速に回復したことになる。反対に一八五九〜六二年のデータに家中・社寺が含まれていないとしたら、松前の人口は、Ⅳ期からⅤ期にかけて、すなわち、松前復領後、明治初期に至るまで、かつてないほどの増加率で急増したことになる。どちらが正しいのか人口史料だけでは判断できない。そこでこの問題を、一八五〇年代以降の被供養者数の変遷から検討した。

一八五〇・六〇年代全体を通して見れば、被供養者数は幾分減少する傾向が読み取れる。一〇年以上のスパンで眺めた際に被供養者が減少するのは、一八四〇年代以前には見られない現象である。特段、一八五〇・六〇年代に墓石の保有率が下がる理由が見当たらない以上、中期的なスパンでの被供養者数の減少は、母数、すなわち松前の人口そのものの減少が原因といえるであろう。また被供養者数の在り方から見て、幕末の人口減少は、死亡者の増加（自然減）ではなく、安政元年（一八五四）の箱館開港が引き金となり、松前から箱館への人口流出（社会減）であった可能性が高いと考えられる。

松前と弘前の墓石の数と被供養者数の変遷を比べてみよう（図44・45）。松前・弘前ともに墓石があまり普及していない江戸初期と、庶民も墓石を建てるようになった幕末とでは一年間に建てられる墓石の数が大きく異なる。そこで対象とした慶長六年（一六〇一）から慶応四年（一八六八）までの二六八年間を、一六〇一〜六七年、一六六八〜一七三四年、一七三五〜一八〇一年、一八〇二〜六八年に四等分し、時期ごとに年間被供養者数の平均値を算出したうえで、平均値の二倍以上の年を死亡クライシス年（異常年）、平均値と同程度の年を平常年とした。

## 死亡クライシス年

弘前では、元禄九年（一六九六）・享保二・三年（一七一七・一八）・享保一〇年・安永三年（一七七四）・天明三・四年（一七八三・八四）・天保五年（一八三四）が、死亡クライシス年に該当する。このうち平均値の三倍を超えたのは、天明四年（四・八倍）だけであった。

元禄九年は前述のとおり元禄の飢饉に当たる。享保二年には熱病、享保三年と一〇年にも疫病の流行が記録されている（『本藩明実録』『本藩事実集』）。安永三年も津軽では疫病が流行し多数の死者が出たとの記録がある（『永禄日記』）。天明三・四年は天明の飢饉に当たり、天保五年は天保の飢饉の期間に該当する。

松前では、享保三年・享保九年・安永三年・天明四年・寛政四年（一七九二）・享和三年（一八〇三）・文政七年（一八二四）・天保五年（一八三四）・嘉永二年（一八四九）・安政元年（一八五四）・文久二年（一八六二）・元治元年（一八六四）が、死亡クライシス年に該当する。ただしこれらはいずれも平常年の二倍代であり、三倍を超えた年はない。古記録との照合により、享保三年・享保九年・安永三年・寛政四年は具体的な病名は特定できないものの疾病《しっぺい》が流行、享和三年と文久二年は麻疹《ましん》（はしか）、文政七年・元治元年は疱瘡《ほうそう》（天然痘）、安政元年は疱瘡と麻疹の両方が流行したことが判明する。

天明の飢饉に関して、天明四年の被供養者数は、米どころの津軽は平常年の四・八倍であったのに対して米がとれない松前では二・六倍であった。こうして天明の飢饉の人的被害は米を領外から移入していた松前よりも米を自給していた津軽の方がより深刻であったことが墓石の調査により初めて明らかとなった。このことは、とかく食料自給が叫ばれる現代にあっても、自給だけでは大規模な食糧危機に十分対処できないことを示唆している。私たちは食料自給に加え、日頃から複数の国との間で食料供給のパイプを太くするための努力を怠ってはならない。

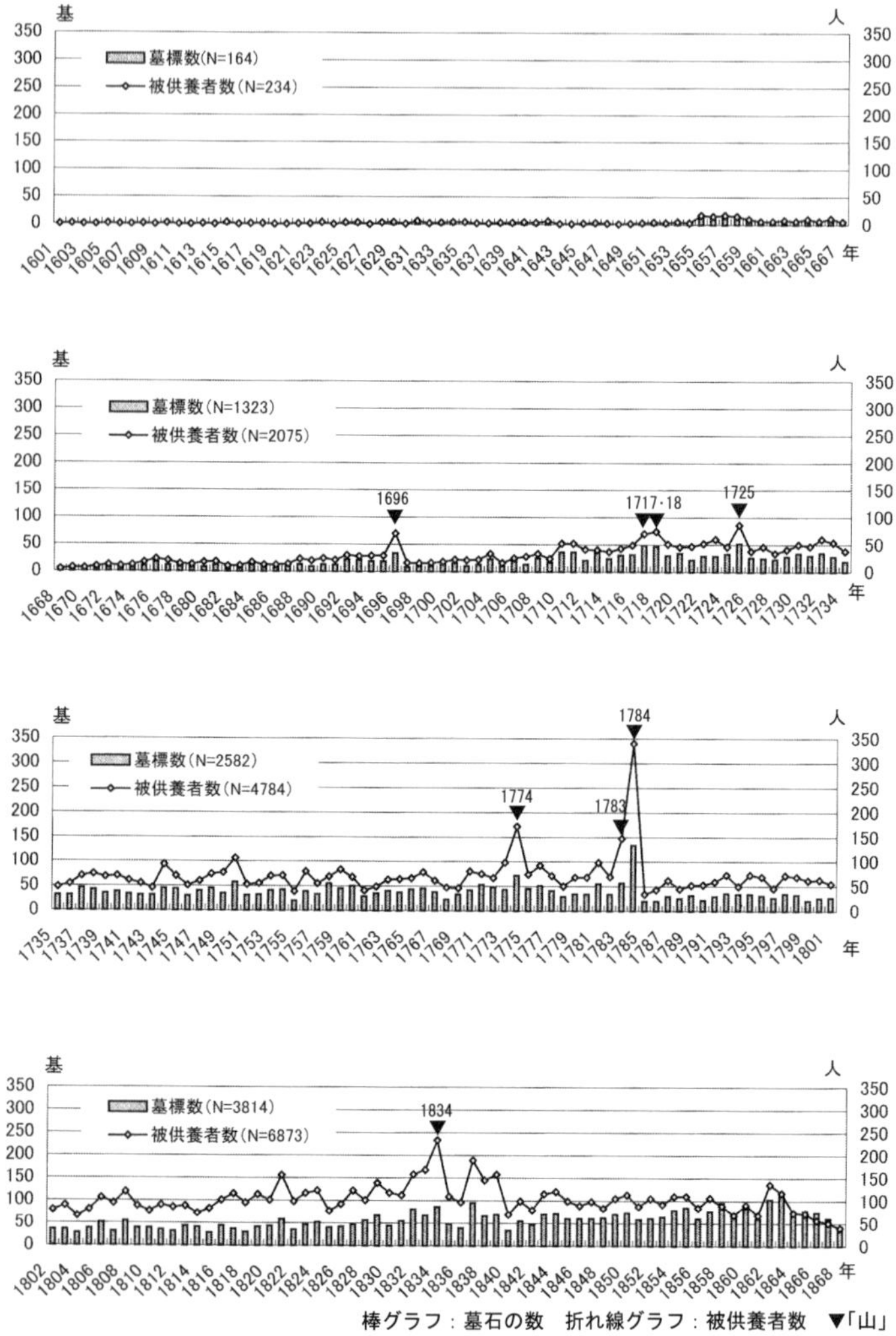


図44　青森県弘前市弘前城下町における墓石の数と被供養者数

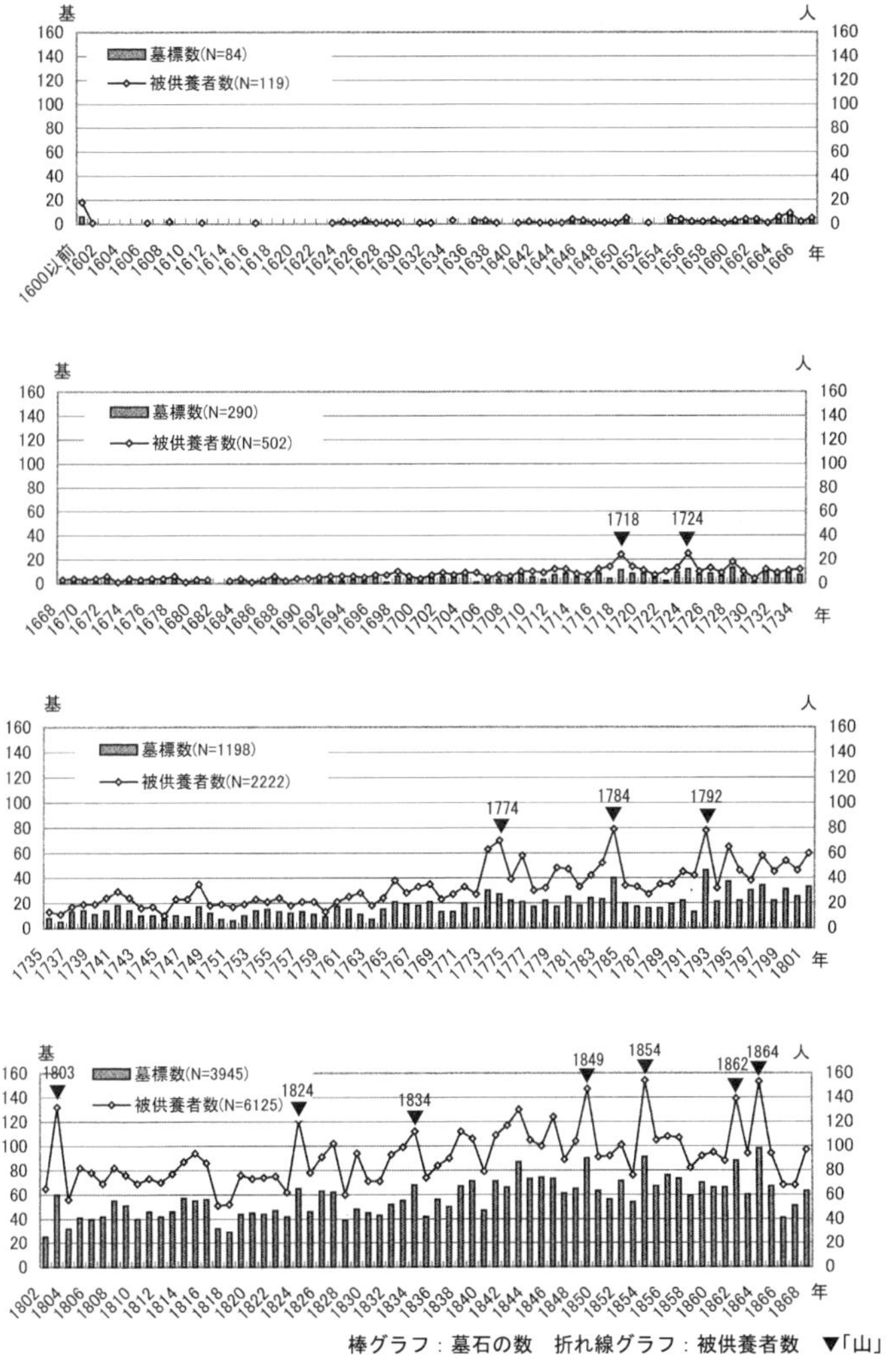


図45　北海道松前町福山城下町における墓石の数と被供養者数

## 墓石から判明した異常死

同じ日または短期間に亡くなった複数の人が一つの墓石で供養されている場合や、短期間に多数の死者が確認される場合には、災害・事件・事故などによる異常死の可能性を考える必要がある。なかには古文書に記された出来事と照合できるものもあるが、古記録が見つからない場合も多い。墓石を調べることで、その当時記録されなかった疫病や事件・事故が初めて明らかになるケースもある。ここでは死因が特定できたものを中心に具体的な事例をいくつか紹介しよう。

【事例1】　松前では墓石から松前大島噴火により大津波が発生した寛保元年（一七四一）七月一九日に七名の死者が確認できた。この七名は過去帳からいずれも津波による被害が想定される沿岸部の住民であることが判明し、津波の犠牲者と考えられた。

【事例2】　松前の龍雲院には「風難佐渡沖　六人死　岡田船」と刻まれた墓石がある。岡田船は、松前に出店していた近江商人の一人で、近江八幡出身の恵比須屋岡田弥三右衛門の持ち船と考えられる。墓石に刻まれた死者のうち二名は宝暦一一年（一七六一）八月に死亡し、残る四名は同年九月一一日に亡くなっている。おそらく九月一一日の四名が海難による死者で、八月に死亡した二名は航海中に何らかの原因で死亡したものと推測される。

【事例3】　函館の称名寺には「虎久丸船中八人溺死精霊」と彫られた、天保六年（一八三五）一〇月一九日に発生した海難事故の溺死者の墓石がある。この船を史料で確認したところ、安政元年（一八五四）に小林重吉が常燈船《じょうとうせん》の信敬丸を虎久丸と改名して利用したことが判明したが、年代的に食い違っており、同一の船とは考えられない。しかしこの墓石には「小林」と刻まれているうえ、隣接して小林重吉家の墓石も存在する。さらに両方の墓石に刻まれた家印が共通しており、小林重吉に関連することは確実である。重吉という名は代々当主が世襲する名であり、溺死者を出した虎久丸は小林重吉の持ち船であった可能性が高い。

【事例4】 福井県坂井市三国町の瀧谷寺には、元和七年（一六二一）七月八日に死亡した二名の成人男性と成人女性一名を供養した五輪塔がある。彼らの死亡原因は不明だが、一つの家から同じ日に三人の死者が出ており、通常の病死とは考えにくい。

【事例5】 三国では墓石の調査により、享保一八年（一七三三）八月二四日に成人男性一名と男児一名、女児二名が亡くなっていることが確認された。享保一八年の被供養者数二三名のうち子どもが七名と高い比率を示す。また二三名中一〇名が八月と九月に集中している。このことから八月二四日に死亡した三名の子どもについては、小児が罹《かか》りやすい疫病死の可能性が考えられる。

【事例6】　三国では慶応二年（一八六六）八月六日に成人女性一名と成人男性二名、八月八日には成人女性一名と成人男性八名の墓石を確認した。慶応二年の被供養者数は三国全体で一〇三名であり、平均約三・五日に一人程度なので、八月六日に三名、八月八日に九名という数値は異常である。同年八月七日、三国では連日の雨と暴風により竹田川に面した町が浸水し、川にかかる橋も流されている。八月六日・八日の死者には洪水の犠牲者が含まれている可能性が高い。

# 墓石に見る社会構造

# 墓石に現れた階層

## 身分制社会の墓石

大学の授業で戦後高度成長期の「一億総中流社会」の話をしても、その時代を経験していない学生にはイメージできないほど、現代の日本は急速に格差が拡大し、半ば固定化しつつある。一方で、研究の進展により、かつては江戸時代の身分制社会を象徴していた「士農工商」という用語は現在、教科書から姿を消した。しかし、「門閥《もんばつ》制度は親の敵で御座る」（『福翁自伝』）との福沢諭吉の言を借りるまでもなく、江戸時代が日本の歴史のなかでも際立って流動性に乏しい身分制社会であったことは否定しがたい。屋外にある墓石は、家屋敷や髪形・衣服などの身なりと同様、否応なく他人の目に晒《さら》される。この世の「写し鏡」である墓石に、江戸時代の身分制はどのように現れているのだろうか。

江戸時代の身分制は、武士・百姓・町人・寺社関係者とそれらに含まれない被差別民に分けられる。本来であれば、支配の頂点に立つ将軍・大名から被差別民まで、全ての社会階層を対象に墓石を比べるべきだが、実際にはそう簡単には比較できない。なぜなら、江戸時代の墓石にはたいてい戒名《かいみょう》しか刻まれておらず、たとえ俗名《ぞくみょう》が刻まれていた場合でも、藩士名簿などの古文書によって禄高《ろくだか》や役職が判明する武士を除いて、その人が何者なのか特定することはとても困難だからである。墓石に現れた階層性を検討するには、①戒名の違いに着目する、②俗名の違いに着目する、③武家を対象に藩士名簿などと照合し、禄高や役職により比較する、の三つの方法が考えられる。武家は禄高や役職により細かく階層化されており、身分秩序が厳格なため、墓石の階層性を分析するのに都合がよい。

ここでは北陸・山陰と京都を結ぶ街道の要所であり、日本海交易の湊町として栄えた若狭小浜藩の城下町であった福井県小浜市内の墓石を例に、階層性を見てみよう。

小浜藩は、関ヶ原の戦いにおける近江国大津城での籠城戦の功績により若狭一国を与えられた京極高次《きょうごくたかつぐ》に始まる。寛永一一年（一六三四）に京極家が出雲《いずも》・隠岐《おき》松江藩へ移封された後は、後に大老となる酒井忠勝《さかいただかつ》が武蔵川越藩《むさしかわごえはん》から入部し、幕末に至るまで領地高一〇～一二万石前後で酒井家によって支配された。筆者らは二〇一六・一七年に小浜市の旧市街地で中世・近世の墓石一万一一五五基、被供養者数にして一万七六五六人分の悉皆《しっかい》調査を行った。

## 戒名と墓石

戒名には生前の社会的・経済的階層が反映されている。戒名に着目することで、社会的・経済的地位による墓石の違いが見えてくる。

前述のとおり、戒名は本来、仏教で修行に必要な規律・戒律を受けた出家者に与えられる名前だが、一般には死後の名前と捉えられている。戒名は元々は二字の法名であったが、江戸時代には、現在見られるような、法号の上に院号、下に居士《こじ》・大姉《だいし》・信士《しんじ》・信女《しんにょ》などの位号が付いたものが広まった。

戒名のなかで最高位に位置するのが院殿号《いんでんごう》の付いた戒名である。院殿号を初めて戒名に用いたのは足利尊氏《あしかがたかうじ》とされ、江戸時代には将軍や大名・旗本など上級武家に使用が限られる。男性では、院殿号の場合、通常、下の位号は大居士がセットになる。

院殿号に次ぐのが院号である。院号は元々、皇族や貴族、あるいは室町将軍家が用いる最高位の戒名であったが、室町時代に院殿号や寺殿号が使われだすと、それらよりも低い扱いを受けるようになった。江戸時代には富者を中心に次第に一般民衆にも院号の付いた戒名が広まった。一般に日蓮宗は他の宗派よりも院号を多用する傾向があるのに対し、浄土真宗では院号は滅多に使わないなど、宗派により扱いが異なる。院号と通常セットになる位号は、男性が居士、女性は大姉である。

軒号《けんごう》・庵号《あんごう》は院号に次ぐ高位戒名で、軒号は曹洞宗と臨済宗に多く見られる。

位階を表す位号が普及するようになったのは江戸時代である。位号は位階とともに、性別や年齢による違いがある。成人男性は、位階の高い順に、大居士・居士・大禅定門《だいぜんじょうもん》・禅定門・信士となる。同じく成人女性は、清大姉《せいだいし》・大姉・大禅定尼《だいぜんじょうに》・禅定尼・信女となる。

なお、浄土真宗では位号は用いず、男性は釈、女性には釈尼《しゃくに》が使われる。

小浜の墓石で戒名が確認できたのは一万三一四五件であった。戒名を院殿号の付くもの、院号の付くもの、軒・庵号の付くもの、院号などを伴わない居士・大姉、同じく信士・信女、禅定門・禅定尼、釈・釈尼、大僧都《だいそうず》・法師などの僧位戒名、その他、不明の一〇類型に大別し、一〇年単位で、変遷を検討した（図46）。その他としたものの多くは、位号を持たない戒名である。一六世紀代までは戒名を刻む墓石が少なく、明確な傾向性は読み取りにくいが、その他に含めた位号のない戒名が目立つ。一七世紀前半には、釈・釈尼を除

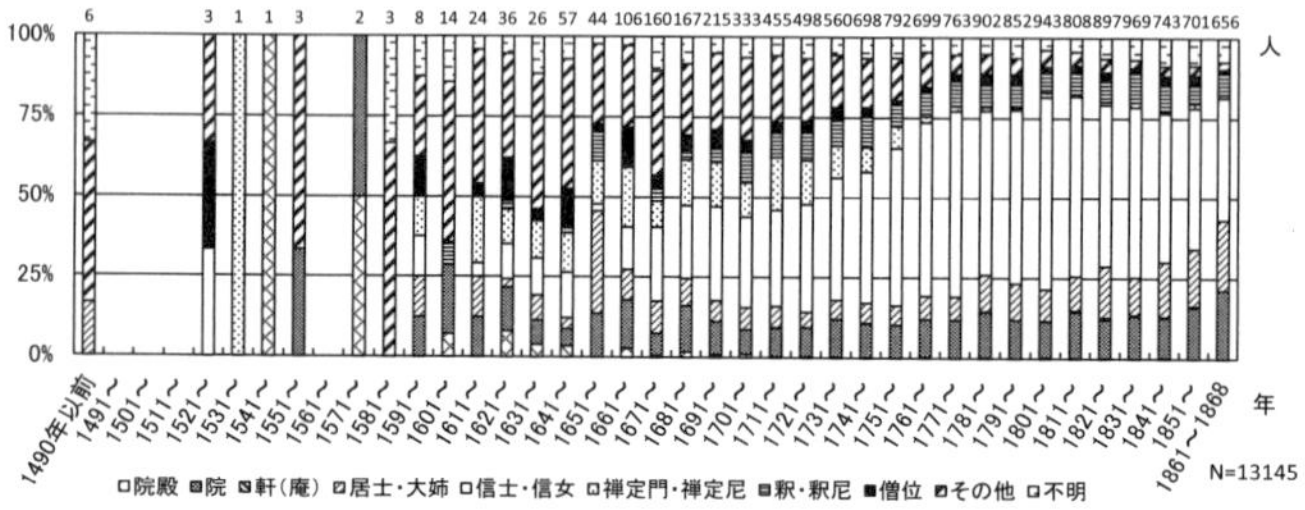


図46　福井県小浜市の墓石に記された成人戒名の変遷

く多様な戒名が出揃うが、依然としてその他とした位号のない戒名が多い。一七世紀末からは新たに釈・釈尼戒名が継続的に見られるようになる一方、一八世紀前半にかけ、信士・信女の増加に伴い位号を持たない戒名が減少する。一八世紀後半以降は、多い順に、信士・信女、院号、院殿号、釈・釈尼が安定して上位を占める状況が見て取れる。一方、禅定門・禅定尼は一八世紀以降ほとんど見られなくなる。一九世紀には相対的に院殿号や院号の占める比率が高くなり、一八六〇年代には四割近くに達している。墓石の普及に伴い、戒名による差別化が生じ、その結果、幕末に向かって院殿号・院号が乱発される「戒名のインフレ」が起きていたと考えられよう。

次に墓石に刻まれた戒名と、墓石の型式との関係性を検討してみよう（図47）。院殿・院・軒・庵、居士・大姉、信士・信女の三者を比べてみても、戒名の格が下がるにつれて

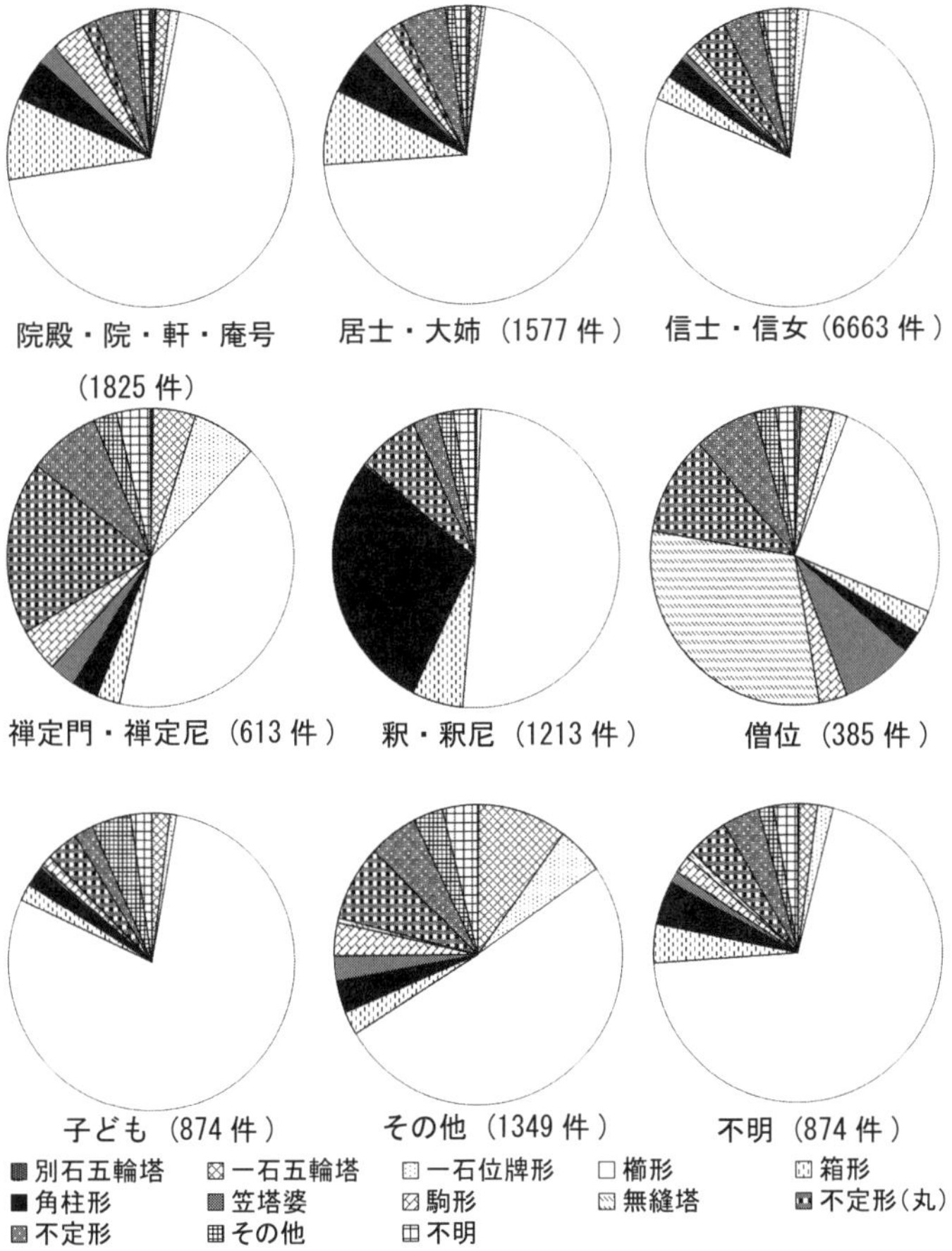


図47　福井県小浜市の墓石の型式と戒名

櫛形の比率が大きくなる程度で、実際には墓石の型式にそれほど大きな違いは見られない。しかし、禅定門・禅定尼、釈・釈尼、僧位戒名は、明らかにそれらの三者とは墓石の型式が異なる。禅定門・禅定尼は櫛形の比率が低い代わりに不定形などの割合が高い。これは禅定門・禅定尼が主に一八世紀前半以前に多く使われ、櫛形が主流となる一八世紀後半以降はあまり見られないからであろう。釈・釈尼は、他の戒名に比べ角柱形の割合が高い。これは家族墓を強く志向する浄土真宗の信者が、多くの戒名を刻むのに適した多面体形の墓石を選んだ結果であろう。僧位戒名は他の戒名に比べ無縫塔《むほうとう》の割合が突出して高い。

## 俗名と墓石

墓石には、被供養者すなわち亡くなった人や、施主すなわち墓石を建てた人の名前が刻まれる。墓石を調査する際には、初めに誰が誰のために、その墓石を建てたのかを理解する必要がある。間違って墓石を建ててもらった人と墓石を建てた人を取り違えたのでは、洒落にならない。一つの墓石に戒名や俗名が複数刻まれている場合には、対応関係を考える必要がある。戒名と俗名の性別が異なる場合、俗名は施主の可能性が高い。

ところで、江戸時代には武士や公家以外の人々は正式に苗字（名字）を名乗ることが許されなかった。墓石に刻まれた名前には、苗字を名乗る人、屋号を名乗る人、苗字や屋号がなく下の名前のみの人、さらに「弟子一同」などのような施主のグループ名が見られる。墓石は屋外にあって誰でも目にすることができる。苗字の公称が認められていなかった人々も墓石に苗字を刻むことができたのだろうか。

小浜で調査した墓石に刻まれていた名前は、被供養者の俗名、施主名、どちらか判別できない名前を合わせて九七一九件であった。このうち、苗字・屋号・名のみ・グループ名のいずれか判別可能な七五七九件について、一〇年単位で変遷を検討した（図48）。その結果、墓石に刻まれた名前は一七世紀と一八世紀以降で大きく変化していることが分かった。すなわち、一七世紀の墓石に刻まれた名前は、苗字を持つ人と、下の名前のみの人が多く、屋号やグループ名はほとんど見られない。一七世紀末から一八世紀前半にはグループ名が一定の割合を占めるとともに、徐々に屋号が増えている。一八世紀後半以降は、苗字が五〜六割前後、屋号が三割前後、下の名前のみが一割弱でほぼ安定している。時期により多少の違いは見られるものの、小浜では江戸時代を通して墓石を建てた人の半数強の人が墓石に苗字を刻んでいたのである。武家のほとんどいない湊町三国でも、墓石に刻まれた名前に関しては、武家の多い城下町小浜とほぼ変わらない状況であった。以上のことから公の場で苗字を名乗ることが許されていない人々も、墓石に苗字を刻むことは社会的

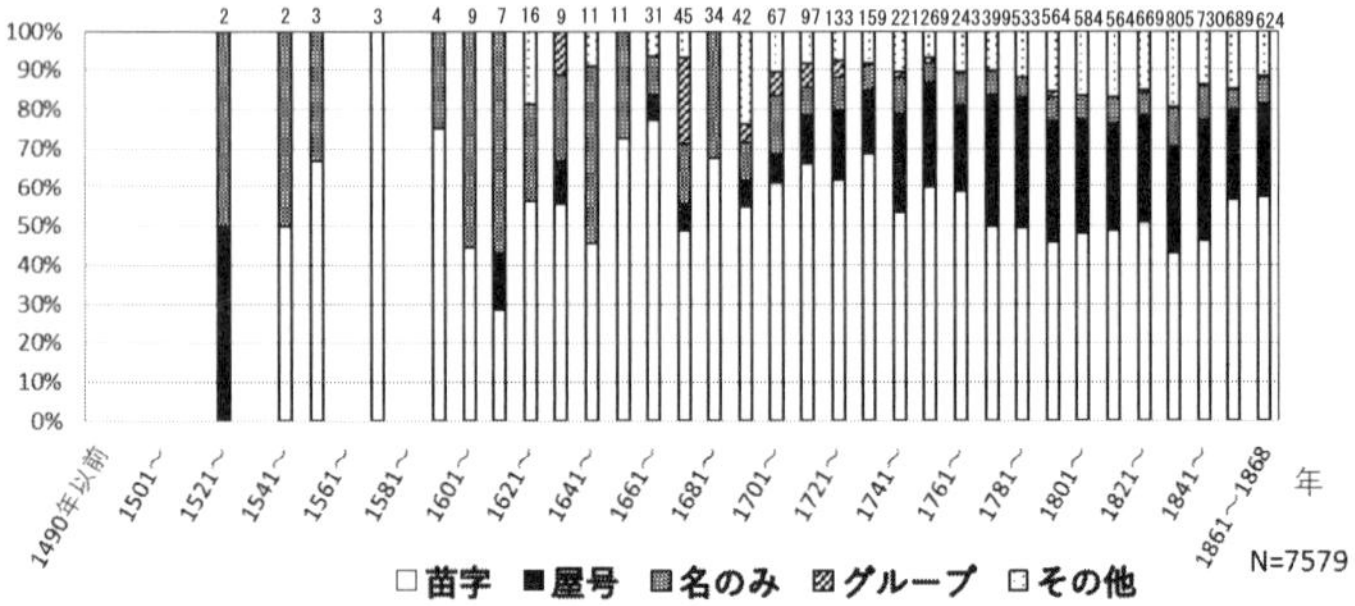


図48　福井県小浜市の墓石に記された俗名の変遷

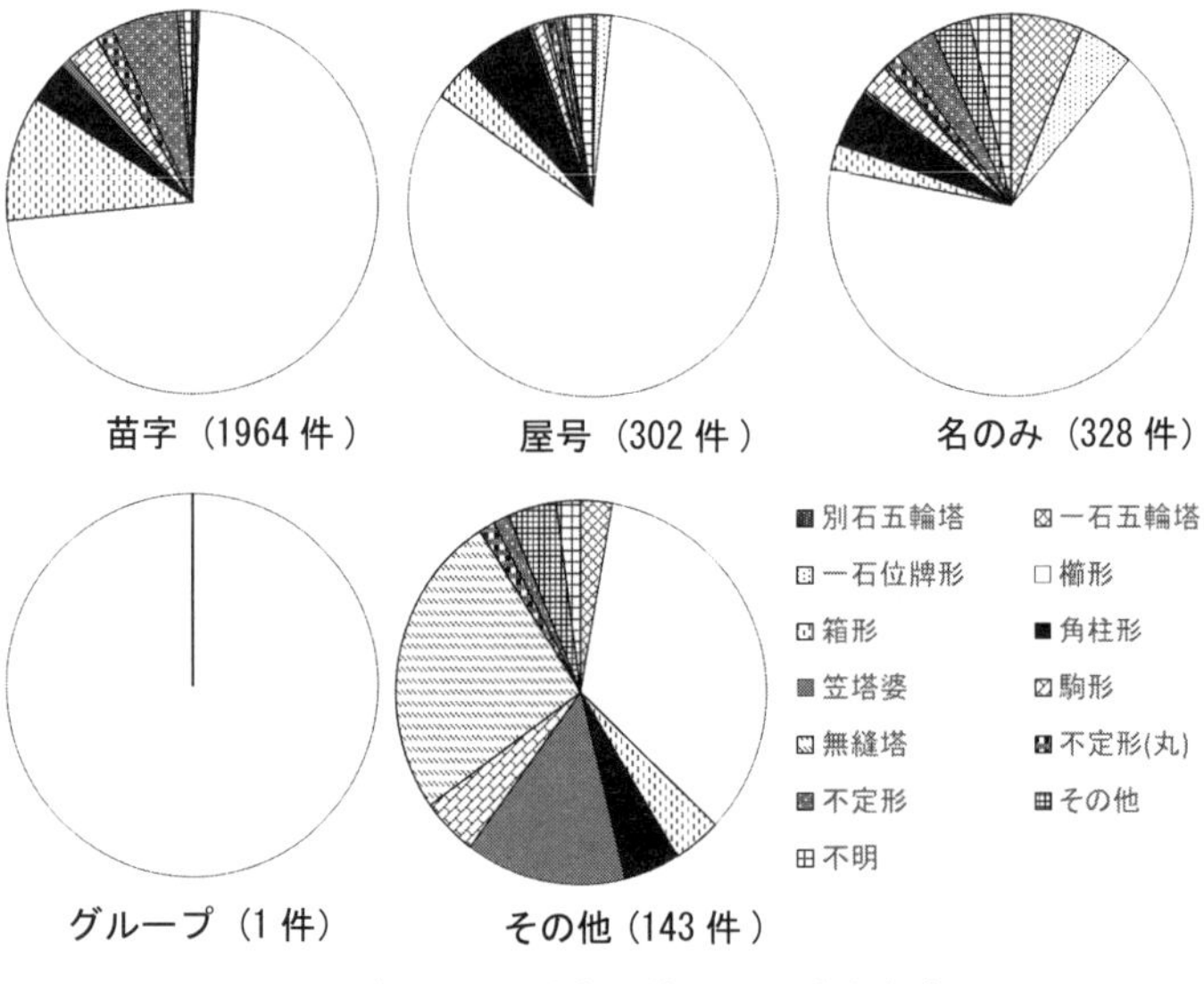


図49　福井県小浜市の墓石の型式と俗名

に黙認されていたと見てよいだろう。この世では公の場で苗字を名乗れない人も、墓石には苗字を刻むことができるとしたら、彼らは喜んで墓石を建てたであろう。墓石が普及した要因の一つとして苗字の問題は大きかったのではなかろうか。

次に墓石に刻まれた俗名と、墓石の型式との関係性を検討してみよう（図49）。意外に思われるかもしれないが、苗字・屋号・名のみの間で墓石の型式にさほど大きな違いはない。前述のとおり、墓石を建てた人の半数強が苗字を刻んでいる実情を踏まえれば、墓石に刻まれた苗字・屋号・名のみの間にはあまり大きな階層差はなかったのであろう。

## 小浜藩士の墓石

小浜藩士を禄高により、S：三〇〇〇石以上、A：三〇〇〇〜一〇〇〇石、B：一〇〇〇〜四〇〇石、C：四〇〇〜二〇〇石、D：二〇〇〜一〇〇石、E：一〇〇石未満の六ランクに大別した。Sは酒井家一門であり、Aランク以下は、A：先手大頭・組頭など、B：組頭・老役・城代など、C：先手者頭・用人・馬《うま》廻《まわり》・大目付・京都定番・近習頭・取次・小浜町奉行など、D：徒士頭《かちがしら》・代官・大津定番・先手馬廻・納戸・敦賀町奉行など、E：徒士・書物方・給仕方・医師などであり、禄高と役職とがおおよそ対応している。藩士名簿と墓石とを照合した結果、Sランク一〇基（一〇名）・Aランク二二基（二二名）・Bランク一〇二基（一〇五名）・Cランク一三一基

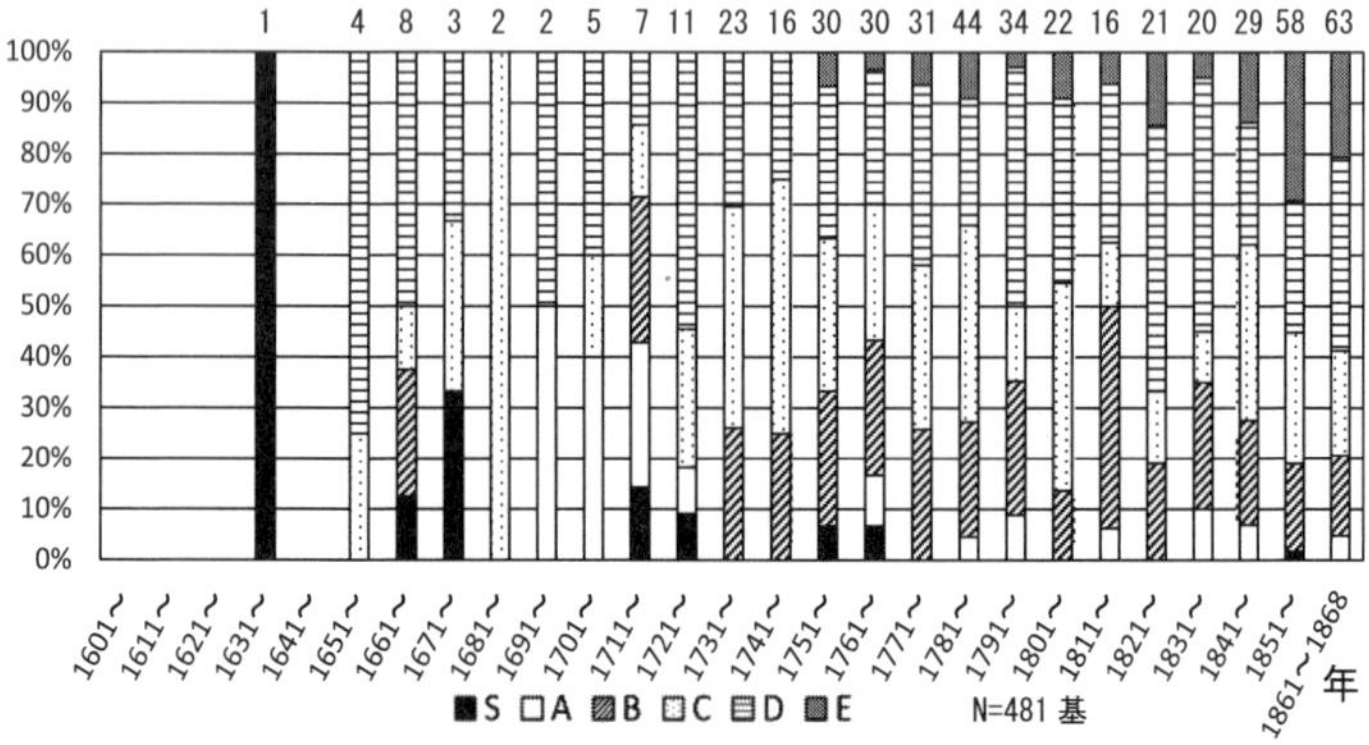


図50　小浜藩士の墓石の階層別比率の変遷

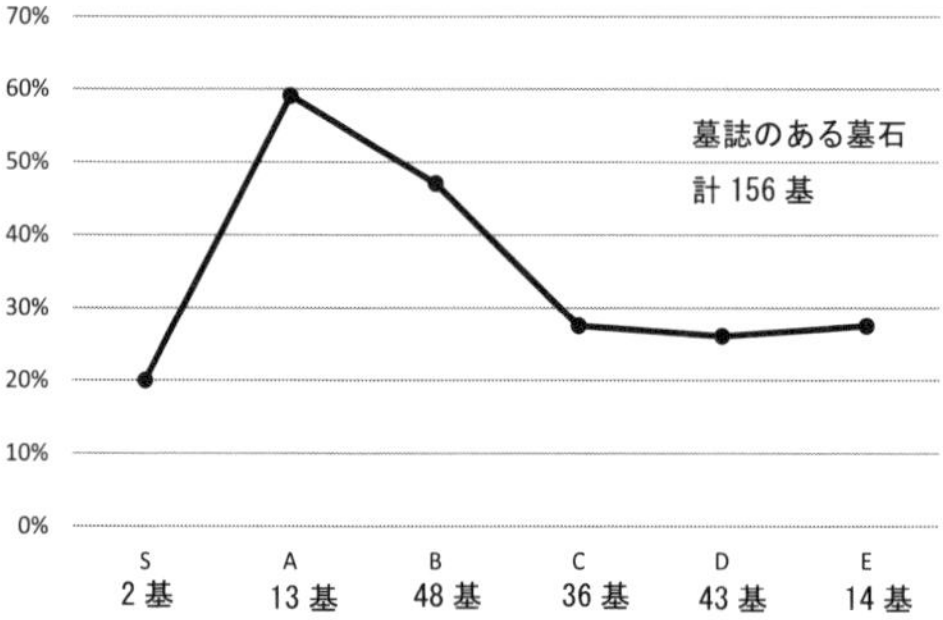


図52　小浜藩士の墓誌保有率

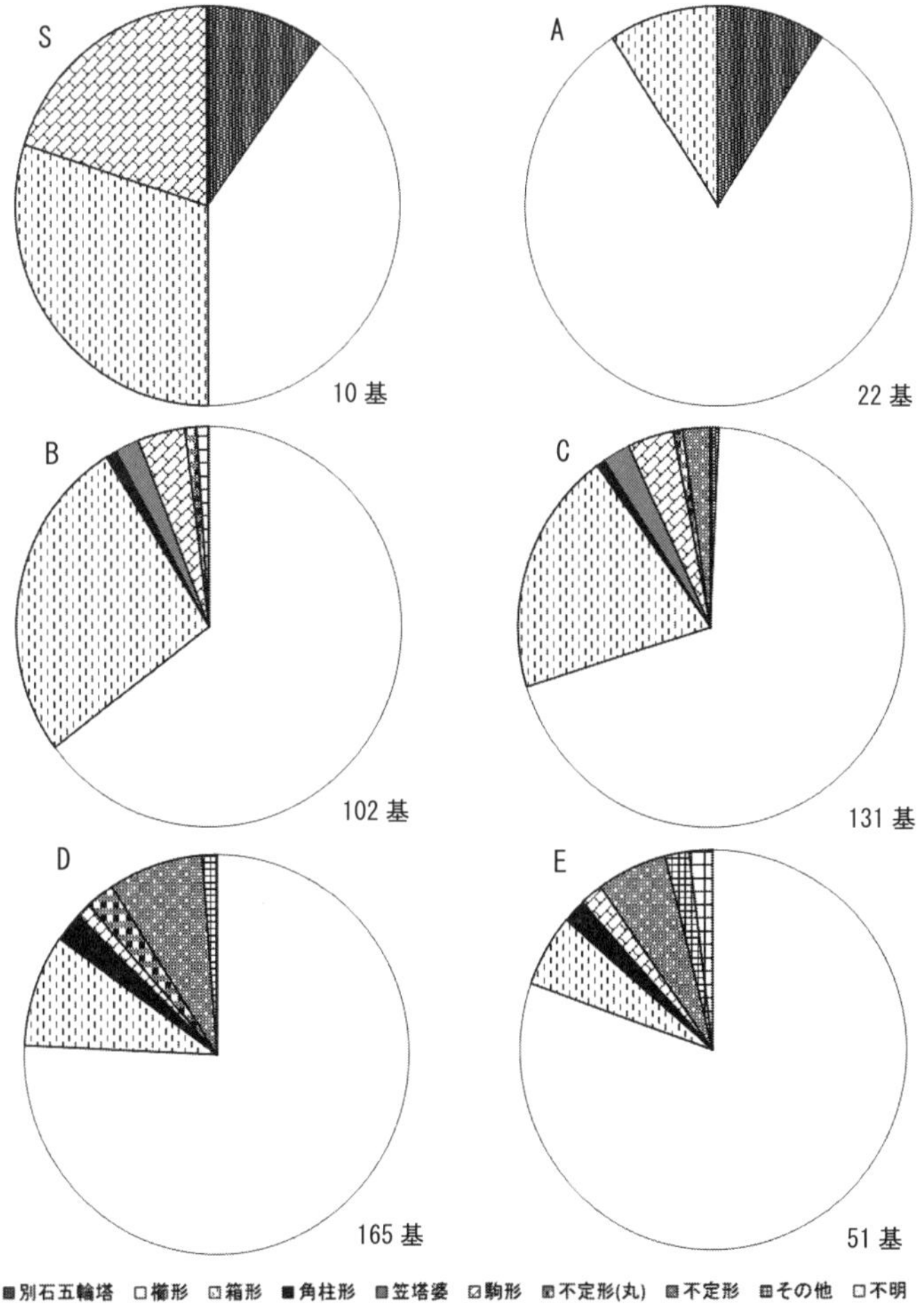


※ 墓石の型式については図 30 参照

図51　小浜藩士の階層と墓石の型式

（一三三名）・Dランク一六五基（一七八名）・Eランク五一基（五五名）、合計四八一基、五〇三名について小浜藩士とその家族の墓石が特定できた。空印寺にある藩主酒井家墓所をはじめ、小浜藩士の墓の約三分の二は、禅宗（臨済宗・曹洞宗）の寺院にある。

初めに一〇年単位で、階層別に墓石の割合を見てみよう（図50）。Sランク、すなわち藩主酒井家一門の墓石は、最も早く一六三〇年代から建てられているのに対して、一〇〇石未満のEランクの藩士の墓石は一七五〇年代以降に建てられたものしか確認できなかった。小浜藩の場合、一〇〇石以上の上士・中士と、一〇〇石未満の平士とでは、墓石を建て始める時期に差があったと考えられよう。また時代が下るほど下の階層の墓石の比率が高くなる傾向にあり、一八二〇年代以降はDとEの二つの階層で墓石全体の過半数を占めるようになる。

次に階層と墓石型式との関係について見てみよう（図51）。五輪塔《ごりんとう》はSやAといった上位ランクの墓石といえる。それに対して不定形はDやEといった下位のランクに限られる。また笠塔婆《かさとうば》はB・Cといった中位のランクに限られ、角柱形はB〜Eまで比較的幅広い階層に選ばれている。

最後にどのような階層の人の墓石に墓誌が刻まれているのか見てみよう（図52）。墓誌の保有率が最も高いのは、Sランクの藩主酒井家一門ではなく、上級家臣のAランクで、保有率は約六割にも達する。以下、B、Cとランクが下がるにつれ墓誌の保有率は下がり、C・D・Eはほぼ違いがない。小浜藩では上士を中心に墓石に墓誌を刻んでいたのである。

# 墓石に見る家族像

## 同じ墓に誰が入るのか

近年、家を単位とする伝統的な家族墓が急激に衰退するとともに、夫婦別々の墓に入る「死後離婚」が急増している。朝日新聞リライフプロジェクトが二〇一七年に女性を対象に行ったアンケートによれば、「配偶者と同じお墓に入りますか?」との問いに対し、「当然だ」三〇パーセント、「仕方がない」一一パーセント、「悩む」一三パーセント、「できれば避けたい」八パーセント、「絶対に嫌だ」五パーセント、「その他（独身など）」三三パーセントとの回答が寄せられた（二〇一七年一一月一五日掲載）。

民俗学では長らく家族墓こそが我が国の伝統的な墓制と考えられてきたようだが、事実とは異なる。すでに述べたように、江戸時代を通して墓制は個人墓・夫婦墓から家族墓へと変化したのであり、家族墓が盛行するのは江戸時代後半以降である。全国的に江戸後期には家族墓が主流を占めるようになるが、とりわけ浄土真宗の盛んな北陸地方では墓石一基あたりの被供養者数が多く、場所によっては幕末には四名以上の戒名が刻まれた墓石が半数近くを占めている（図53）。

家族墓の普及に伴い、時代が下るにつれ墓石一基あたりに刻まれる戒名の数は全国的に増加している。江戸時代には、誰と誰の戒名が同じ墓石に刻まれたのであろうか。江戸時代の墓石は戒名と没年月日だけのものが多く、俗名が刻まれている場合でも、墓石からは故人相互の関係性までは読み取れない。筆者らが行った北海道松前町の調査では、法幢寺・法源寺・寿養寺の曹洞宗三ヶ寺で墓石と過去帳を照合した結果、一つの墓石に「同居」する人々の続柄が判明した（表1）。なお一般に寺院過去帳には葬儀を執り行った施主と被供養者との続柄は記載されているが、被供養者間の関係性は直接書かれていないため、施主との関係をもとに整理し直す必要がある。

同じ墓石に同居するのは夫婦や親子の場合が最も多く、兄弟がこれらに次ぐ。一九世紀には曽祖父と曽孫のように三親等以上離れた人が同じ墓石に同居する例が増える。なかに

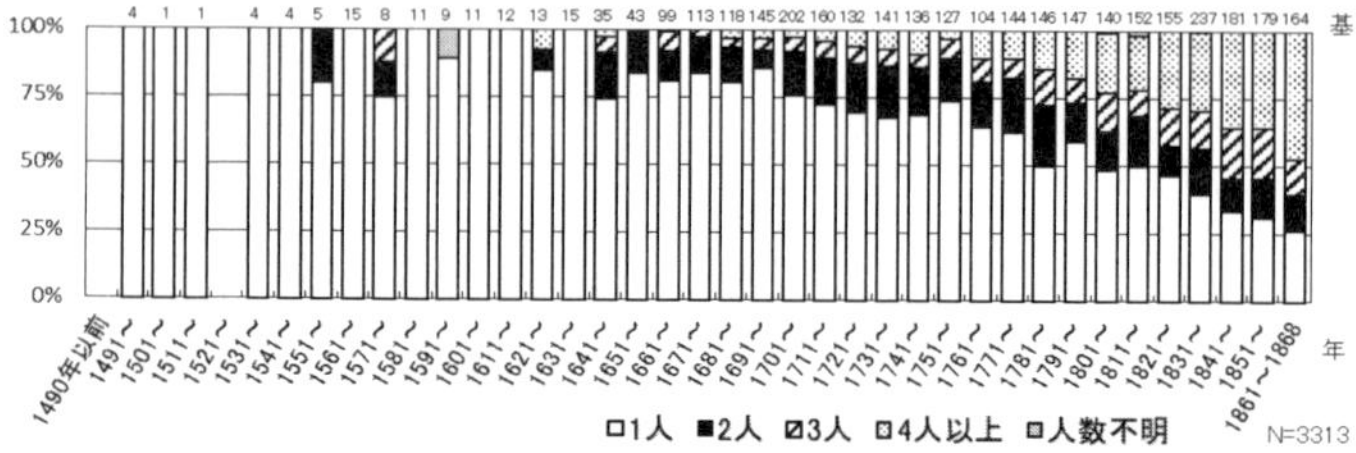


図53　福井県坂井市三国町の墓石に刻まれた戒名の人数

表1　墓石に「同居」する被供養者の続柄

| 被供養者の続柄 | 17世紀 | 18世紀 | 19世紀 |
|---|---|---|---|
| 夫　婦 | | 21 | 70 |
| 親　子 | 1 | 20 | 96① |
| 兄　弟 | | 10 | 32② |
| 祖父母と孫 | | 7 | 23 |
| おじ・おばと甥・姪 | | 5 | 1 |
| 曾祖父母と曾孫 | | | 5 |
| 施主の兄弟と孫 | | | 1 |
| 施主の母と義理の母 | | | 2 |
| 先妻と後妻 | | 1 | 4 |
| 先　祖 | 2 | 3 | |

（注）①19世紀に義理の親子１件.
②19世紀に義理の兄弟３件.

は一つの墓石に夫婦双方の母親どうしや、先妻と後妻が同居する例も見られるなど、なかなか興味深い。一九世紀に一つの墓石に同居する死者が多様化する背景には、同じ時代を生きた親族の横の広がりの拡大以上に、曽祖父と曽孫のように世代を超えた縦の関係性の強化があると見られる。個人墓・夫婦墓から家族墓への転換は、家に対する意識の高まりとして理解されるが、その家は同時代を生きた家族に止まらず、先祖から子孫へと世代を超えて受け継ぐべき家であった。

## 先祖代々の墓

武家・百姓・町人の区別にかかわらず、家業が世襲されていた江戸時代には、家に対する人々の意識は、今日とはかなり違ったものであったと思われる。家に対する意識の高まりを初めて江戸時代の墓石から読み解いたのは、近世墓研究を牽引してきた谷川章雄氏であった（「近世墓標の変遷と家意識—千葉県市原市高滝・養老地区の近世墓標の再検討—」『史観』一二一、早稲田大学史学会、一九八九年）。江戸時代の墓石にはしばしば、家の表徴である家紋・家印、先祖とのつながりを明示する「先祖代々」など、家を強く意識した記号や文字が刻まれている。これらは故人が死後の世界においても、生前に所属していたある一つの家に帰属するという意識の表れといえる。

「先祖代々」や家の表象である家紋・家印は、地域によって差はあるものの、家族墓の出現より若干遅れて登場し、家族墓が普及する一八世紀後半以降急速に増加する（図54・55）。筆者がこれまで調べた江戸時代の墓石のなかにも、ごく普通の大きさにもかかわらず、先祖代々の文言とともに四〇名近い戒名がびっしりと刻まれたものがあった。自分の代で初めて建てることがかなった墓石だからこそ、できる限り多くの先祖を供養したいとの思いがひしひしと伝わってきた。

家紋や家印は、櫛形や角柱形など、多面利用、多人数記載に適した墓石に多く見られる。家系を表す家紋は、棹石《さおいし》の正面の上部や台石の正面に、個々の家を示す家印は台石の正面に施されていることが多い。

墓石への家紋や家印の使用頻度は場所によって大きく異なる。筆者が調べたところでは、家紋の使用頻度は、北日本の松前・箱館・江差や津軽地方で二〇パーセント前後と総じて高いのに対して、北陸地方の三国・敦賀・小浜ではいずれも五パーセント未満であった。また、松前のような武家の多い城下町の墓石には家紋が多く認められるが、箱館や江差といった町人主体の湊町では、家紋より家印の方が多い（図55）。

今日ではやや時代遅れとなった感のある「〇〇家之墓」は、江戸後期に急増する家を前面に押し出した墓石の延長線上に位置する。家意識が希薄となった今日、「〇〇家之墓」

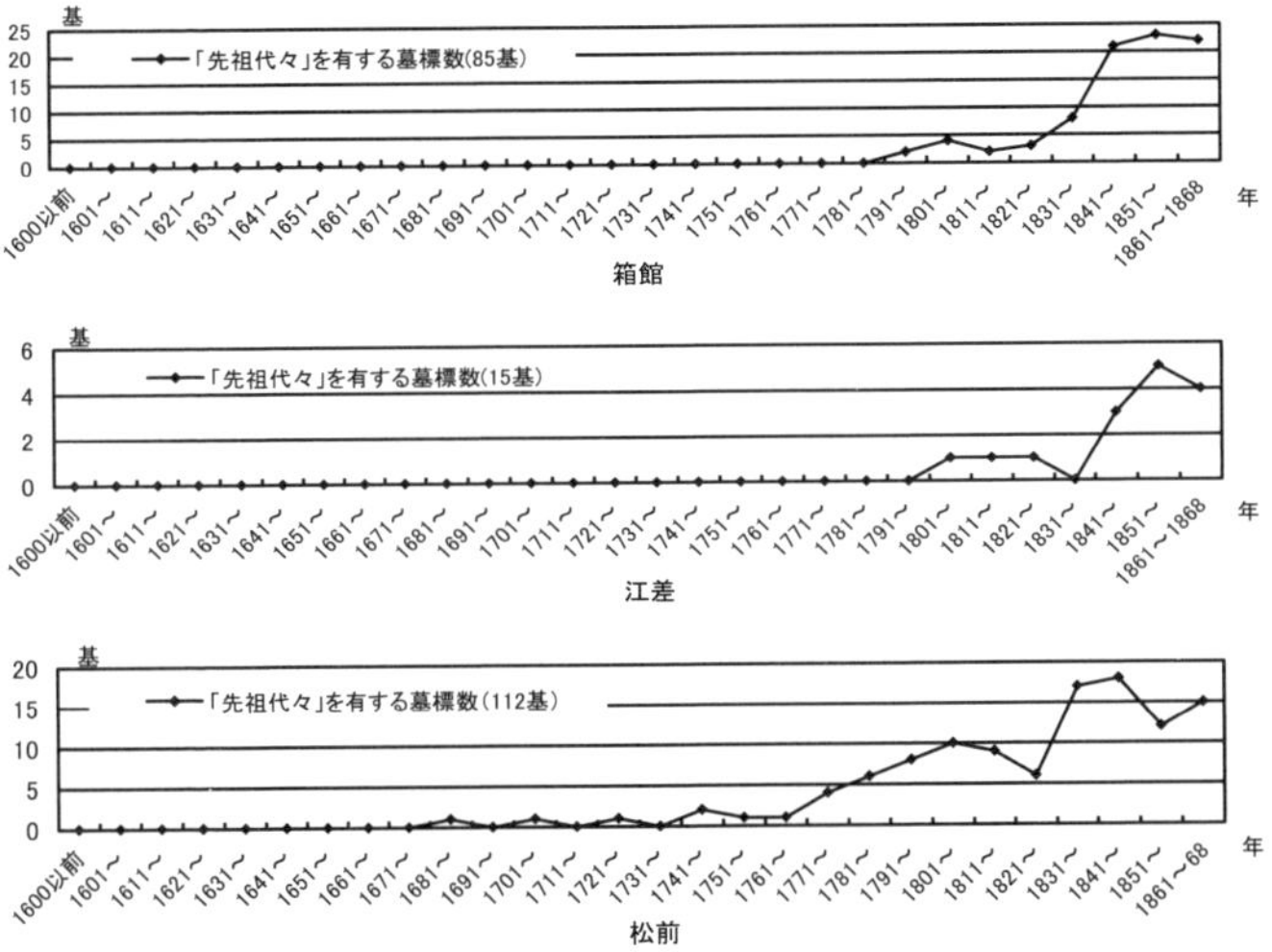


図54　「先祖代々」と刻む墓石の数の変遷

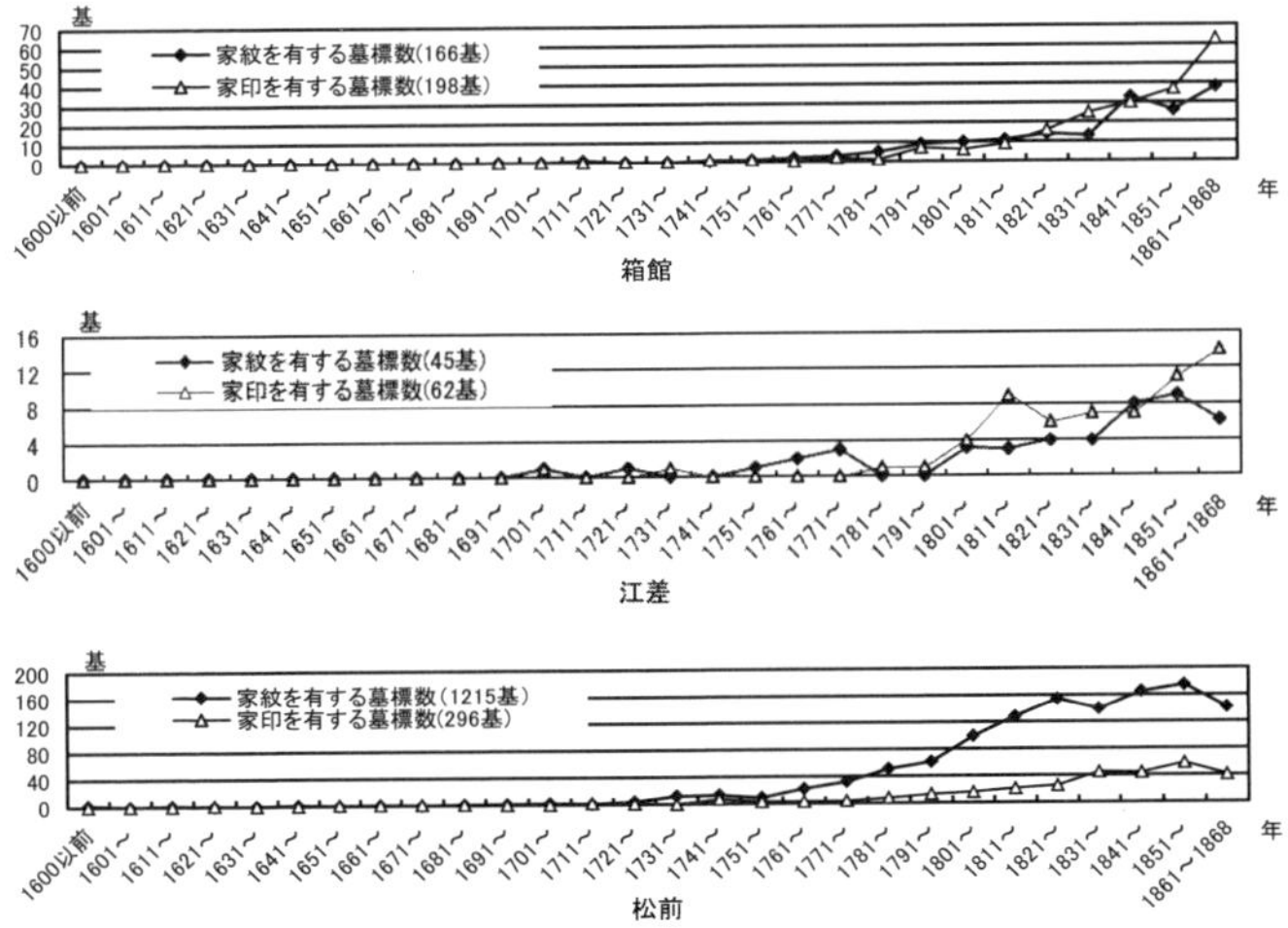


図55　家紋や家印を刻む墓石の数の変遷

が姿を消すのも時間の問題のように思われる。

## 子どもの墓石

「七つまでは神のうち」という言葉に示されているとおり、死産児や生後間もなく亡くなる乳幼児が多かった江戸時代には、数え年七歳になるまでは人間だとは見なされず、葬儀が行われないこともあった。一方で、英国公使オールコックをはじめ幕末から明治初期に日本を訪れた外国人が一様に感心したように、当時の日本人にとって子育ては最大の関心事であり、子どもたちは大切に育てられた。世継の不在が家の断絶に直結する武家はもちろん、百姓や町人にとっても、先祖から受け継いだ家業を引き継ぐ子どもは、家の継続性を担保するかけがえのない存在であった。

大名家など特殊な事例を除き、庶民が子どもの墓石を建てるようになるのは、成人より遅れ、江戸中期以降である。江戸中期には、有像舟形や台付丸彫形など、半ば子どもに特化した墓石が現れるとともに、櫛形や角柱形など家族墓向けの墓石に大人に交じって子どもの戒名が刻まれるようになる。

子どもの位号は、宗派や地域により異なるものの、例えば真言宗豊山派《ぶざんは》では、童子・童女は一五〜五歳、孩子《がいし》・孩女《がいにょ》は四〜三歳、嬰子《えいし》・嬰女《えいじょ》は二〜一歳、水子は流産・死産児というように、年齢により使い分けが見られる。このうち江戸時代の墓石に最も多く見られるのは童子・童女であり、孩子・孩女がこれに次ぐ。また、子どもの戒名は、一八世紀には童子・童女にほぼ限られており、多様化するのは一九世紀になってからである。亡くなる子どもの年齢比率と子どもの戒名の組成比率は必ずしも整合していない。子どもの葬儀が行われるようになってからも「七つまでは神のうち」という意識が根強く残っていたのではなかろうか。なお、子どもに関しても院・院殿号が見られるが、両方合わせても一〜二パーセント程度であり、成人にははるかに及ばない。上級武家や大豪商でもない限り、子どもには院・院殿号は与えられなかった。

水子の墓石は地域を問わず、ほぼ日蓮宗寺院に限られる。一般に近世の日蓮教団は鬼子《きし》母神《ぼじん》や十羅刹女《じゅうらせつにょ》、摩利支天《まりしてん》などの諸尊の勧請《かんじょう》や祖師信仰、開帳、祈禱などによって民衆のニーズに積極的に応える布教を行い、葬式仏教にとらわれない経営をはかったとされる。子どもの供養に対するニーズが高まるなか、日蓮宗寺院は水子供養を寺院経営の新たな手段として積極的に採用したと考えられる。

## 墓石と家内秩序

中世には名主と呼ばれた有力農民の下に多くの隷属農民がいた。一地一作人を原則とした太閤検地《たいこうけんち》は小農の自立を促し、家族単位で耕作を行う近世農村への道が開かれた。しかし江戸初期には、有力農民を中心に、隷属農民、名子・被官などの半隷属的小農、半隷属的傍系親族などが集まる中世的な大人数の合同家族が見られた。一七世紀に行われた大規模な新田開発などにより、これらの下人・名子・傍系親族などは徐々に独立し、小農となって比較的小規模な直系家族からなる世帯を新たに形成した。

このようにして江戸中期には現代につながる直系家族が一般的となり、墓も直系家族を単位として営まれる傾向が強まった。しかし分家も婿入りもできずに生涯を閉じる家督を継げない部屋住みの人々（いわゆる「冷や飯」）や、嫁入り・婿入りする前に若くして亡くなる人も少なくなかった。直系家族を単位とする墓にはそれらの人々も当主夫妻も眠っている。家族のなかでの立場の違いは、墓石に現れているのであろうか。

繰り返しになるが、江戸時代の墓石は戒名と没年月日だけのものが多く、俗名が刻まれている場合でも、墓石からは故人どうしが生前どのような続柄であったかまでは読み取れない。一つの墓に「同居」する人々の続柄さえなかなか分からないのだから、ましてや一つの家に対応すると思しき区画に建てられている複数の墓石に関して、墓石の情報だけを頼りに、故人の関係性を紐解くことは限りなく不可能に近い。やはり戒名・俗名・施主との続柄が記載されている過去帳の助けを借りる他ない。

筆者らが墓石と過去帳を調査した北海道松前町旧福山城下町の墓地では、一つの家区画に最大で三〇基程度の墓石が確認できた。それら家区画内にある墓石について、それがいつ亡くなった誰の墓石であるのか、墓石と過去帳を根気よく照合した結果、大変重要な事実が判明した。ここでは、松前藩で代々家老を務めた蠣崎《かきざき》本家を例に、墓石から家内秩序を読み解いてみよう。

蠣崎本家は、初代藩主松前慶広《まつまえよしひろ》の弟の正広に始まり、代々蔵人を名乗ったため、正広系蠣崎家または蔵人流蠣崎家と呼ばれる。蠣崎本家は石高五二〇石で、家格は寄合席、代々家老職を務めた。

蠣崎本家の菩提寺《ぼだいじ》は、福山城北側に隣接する寺町寺院街の曹洞宗法源寺である。墓所は本堂左手奥の一段高い平場にあり、その北側上方には、曹洞宗法幢寺の松前藩主家墓所が隣接する。蠣崎本家の墓所は、約一二一平方メートルと、藩主家墓所に次ぐ面積を有しており、他の重臣層の墓所の二～三倍と大変広い。

蠣崎本家の墓所には、正保三年（一六四六）から嘉永五年（一八五二）までの年号のある墓石が二六基存在しており、三八名の被供養者を確認した（表2）。墓石は、Πの字を描くように並んでおり、奥辺は二列となっている（図56）。

| 代・続柄 | 俗名 | 施主 | 施主との関係(過去帳) | 家格/役職 | 備考 |
|---|---|---|---|---|---|
| | | | | | |
| | | | | | |
| | | | | | |
| 当主の子ども？ | | | | | 石廟を伴う |
| 三代 | 〔蠣崎利広〕 | | | 家老 | |
| | | | | | |
| 四代 | 〔蠣崎広林〕<br>(蠣崎蔵人) | | | 家老 | |
| 四代弟 | (蠣崎治郎左衛門)<br>〔蠣崎広政〕 | | | 家老 | |
| 五代 | 〔蠣崎広久〕 | | | 家老 | |
| | | | | | |
| | | | | | |
| 六代 | (蠣崎蔵之丞) | | | | |
| 四代弟の叔母 | (蠣崎治郎左右衛門叔母) | (蠣崎治郎左右衛門) | 叔母 | | |
| 四代弟の妻 | (蠣崎治郎左右衛門妻) | (蠣崎治郎左右衛門) | 妻 | | |
| 妻 | (蠣崎蔵人妻) | (蠣崎蔵人) | 妻 | | 七代広命妻または九代広甫妻か |
| | | (蠣崎治郎左衛門) | | | |
| | | (蠣崎治郎左衛門) | | | |
| | | (蠣崎治郎左衛門) | | | |
| 四代弟の姪 | (蠣崎治郎左衛門妹の娘) | (蠣崎治郎左衛門) | 妹の娘 | | |
| | | (蠣崎治郎左衛門) | | | |

表２　松前藩蠣崎本家墓所の墓石

| 墓石番号 | 造立番号 | 造立年/最新年号 | 家紋 | 全高(cm) | 石材 | 型　式 | 没年 | 戒名(略) |
|---|---|---|---|---|---|---|---|---|
| 源838 | | 不明 | ○ | 204 | 斑岩 | 笠塔婆 | 不明 | 院殿４大姉 |
| | | | | | | | 不明 | 院殿４居士 |
| 源839 | | 不明 | | 180 | 笏谷石 | 別石五輪塔 | 不明 | |
| 源841 | ① | 1646 | | 73 | 笏谷石 | 一石五輪塔 | 1646 | ５童子 |
| 源794 | ② | 1650 | | 309 | 笏谷石 | 別石位牌形 | 1650 | ４居士 |
| 源793 | ③ | 1662 | | 256 | 笏谷石 | 別石位牌形 | 1662 | ４大姉 |
| 源795 | ④ | 1672 | | 327 | 笏谷石 | 別石位牌形 | 1672 | ４居士 |
| 源796 | ⑤ | 1673 | | 328 | 笏谷石 | 別石位牌形 | 1673 | ４信士 |
| 源840 | ⑥ | 1709 | | 186 | 笏谷石 | 一石位牌形 | 1709 | |
| 源803 | ⑦ | 1729 | | 121 | 斑岩 | 櫛形 | 1729 | 院４大姉 |
| 源789 | ⑧ | 1741 | | 116 | 笏谷石 | 櫛形 | 1741 | ４大姉 |
| 源797 | ⑨ | 1743 | | 130 | 花崗岩 | 櫛形 | 1743 | 院４居士 |
| 源788 | ⑩ | 1757 | | 87 | 花崗岩 | 櫛形 | 1757 | ４大姉 |
| 源791 | ⑪ | 1760 | | 91 | 花崗岩 | 櫛形 | 1760 | 院４大姉 |
| 源798 | ⑫ | 1783 | | 128 | 斑岩 | 櫛形 | 1783 | 院殿４大姉 |
| 源786 | ⑬ | 1784 | | 80 | 花崗岩 | 櫛形 | 1701 | ４童子 |
| | | | | | | | 1724 | ４童子 |
| | | | | | | | 1740 | ２禅童子 |
| | | | | | | | 1756 | ２禅童女 |
| | | | | | | | 1784 | ４禅童子 |

| | | | | | |
|---|---|---|---|---|---|
| | (蠣崎治郎左衛門) | | | | |
| 妻 | (千代) | (蠣崎蔵人) | 妻 | | 七代広命妻または九代広甫妻か |
| 母 | (蠣崎蔵人母) | (蠣崎蔵人) | 母 | | 六代広賢妻または八代広匡妻か |
| | | (蠣崎蔵人) | | | 蔵人の候補には七代広命・九代広甫がいるが，特定できない |
| 当主の子ども？ | (蠣崎蔵人娘) | (蠣崎蔵人) | 娘 | | |
| 当主の子ども？ | (蠣崎蔵人息子) | (蠣崎蔵人) | 息子 | | |
| 当主の子ども？ | (蠣崎蔵人息子) | (蠣崎蔵人) | 息子 | | |
| 当主の子ども？ | (蠣崎蔵人娘) | (蠣崎蔵人) | 娘 | | |
| 七代 | 〔蠣崎広命〕<br>(蠣崎蔵人) | | | 家老 | |
| 八代 | 〔蠣崎広匡〕<br>(蠣崎左盛) | | | 准寄合/御内證御礼 | |
| 母 | (蠣崎時松母) | (蠣崎時松) | 母 | | 蠣崎時松は本寄合 |
| | | (蠣崎治郎) | | | |
| 九代？嫡子 | (蠣崎治郎嫡子) | (蠣崎治郎) | 嫡子 | | |
| 九代？妻 | (蠣崎次郎妻) | (蠣崎次郎) | 妻 | | |
| | (浦) | | | | |
| 八代子 | (蠣崎左盛娘) | (蠣崎左盛) | 娘 | | 蠣崎左盛は准寄合・御内證御礼 |
| | | (蠣崎次郎) | | | |
| | 蠣崎蔵之丞 | (蠣崎蔵人) | 息子 | | 行年二十二才. |
| 九代？ | 〔蠣崎広得，次郎〕<br>(蠣崎蔵人) | | | 家老 | |

〔　〕で示している.
164cm，当主の子どもは78cm，傍流・その子どもは147cm，その他は86cm.

| | | | | | | | | |
|---|---|---|---|---|---|---|---|---|
| 源792 | ⑭ | 1786 | | 153 | その他 | 櫛形 | 1786 | 院殿4居士 |
| 源801 | ⑮ | 1787 | | 83 | 花崗岩 | 櫛形 | 1787 | 4大姉 |
| 源805 | ⑯ | 1788 | | 120 | その他 | 櫛形 | 1788 | 院4大姉 |
| 源790 | ⑰ | 1799 | | 66 | 真珠岩 | 櫛形 | 不明 | 4禅童子 |
| | | | | | | | 1791 | 2禅童女 |
| | | | | | | | 1791 | 4禅童子 |
| | | | | | | | 1794 | 4禅童子 |
| | | | | | | | 1799 | 4禅童女 |
| 源810 | ⑱ | 1802 | | 142 | 火山礫凝灰岩 | 櫛形 | 1802 | 院殿4居士 |
| 源806 | ⑲ | 1803 | ○ | 150 | 斑岩 | 櫛形 | 1803 | 院殿4居士 |
| 源800 | ⑳ | 1808 | | 94 | 斑岩 | 櫛形 | 1808 | 院殿4大姉 |
| 源799 | ㉑ | 1824 | | 53 | 不明 | 櫛形 | 1821 | 4童女 |
| | | | | | | | 1824 | 4善童子 |
| 源807 | ㉒ | 1828 | ○ | 133 | 斑岩 | 櫛形 | 1828 | 院殿4大姉 |
| 源787 | ㉓ | 1833 | | 86 | 笏谷石 | 櫛形 | 1833 | 4大姉 |
| 源804 | ㉔ | 1837 | | 119 | 斑岩 | 櫛形 | 1819 | 院4大姉 |
| | | | | | | | 1837 | 院4大姉 |
| 源808 | ㉕ | 1849 | ○ | 112 | 粗粒凝灰岩 | 丘状頭角柱 | 1849 | 院殿4居士 |
| 源809 | ㉖ | 1852 | ○ | 169 | 斑岩 | 笠塔婆 | 1852 | 院殿4居士 |

（注）①過去帳からのデータは（　），その他の文献からのデータは
②続柄ごとの墓標全高の平均値は以下のとおりである．当主・妻は

当主の墓石としては、慶安三年（一六五〇）に死亡した三代目の利広の墓石が最も古い。当主とその妻の墓石は、三・四代目が大型の別石位牌形→五代目が一石位牌形→六・七・八代目が櫛形と時代が下るにつれ、小型化・簡素化するが、幕末に亡くなった九代目は比較的大型の笠塔婆を採用している。櫛形の墓石は、当主のものが高さ一五〇センチ前後、当主の妻のものは高さ一二〇センチ前後と、当主のほうが一回り大きい。戒名は六代当主以前には、ほとんどが院居士や居士だが、七代以降は全て院殿号が与えられている。これら当主・当主妻の墓石は主に区画の奥辺に配置されており、奥の列がいっぱいになった後はその手前に墓石が建てられていった様子が読み取れる。

当主の子どもたちの墓石は、左右の列のなかほどに位置する。当主の子どもの墓石では、正保三年（一六四六）の年号を持つ一石五輪塔が突出して古い。この墓石は、当主とその妻の墓石しか建てられていない時期にあって唯一の子どもの墓石であり、他は一八世紀末以降に下る。また、他の子どもの墓が全て櫛形なのに対して、この墓石だけは松前藩ではごく一部の限られた人しか建てることのできなかった石廟《せきびょう》のなかに納められている。特別な扱いを受けた被葬者は特定できなかったが、おそらく夭逝《ようせい》した嫡男と見て間違いないだろう。なお、当主の子どもの墓石の高さは平均七八センチと、大人の墓石に比べ小さい。

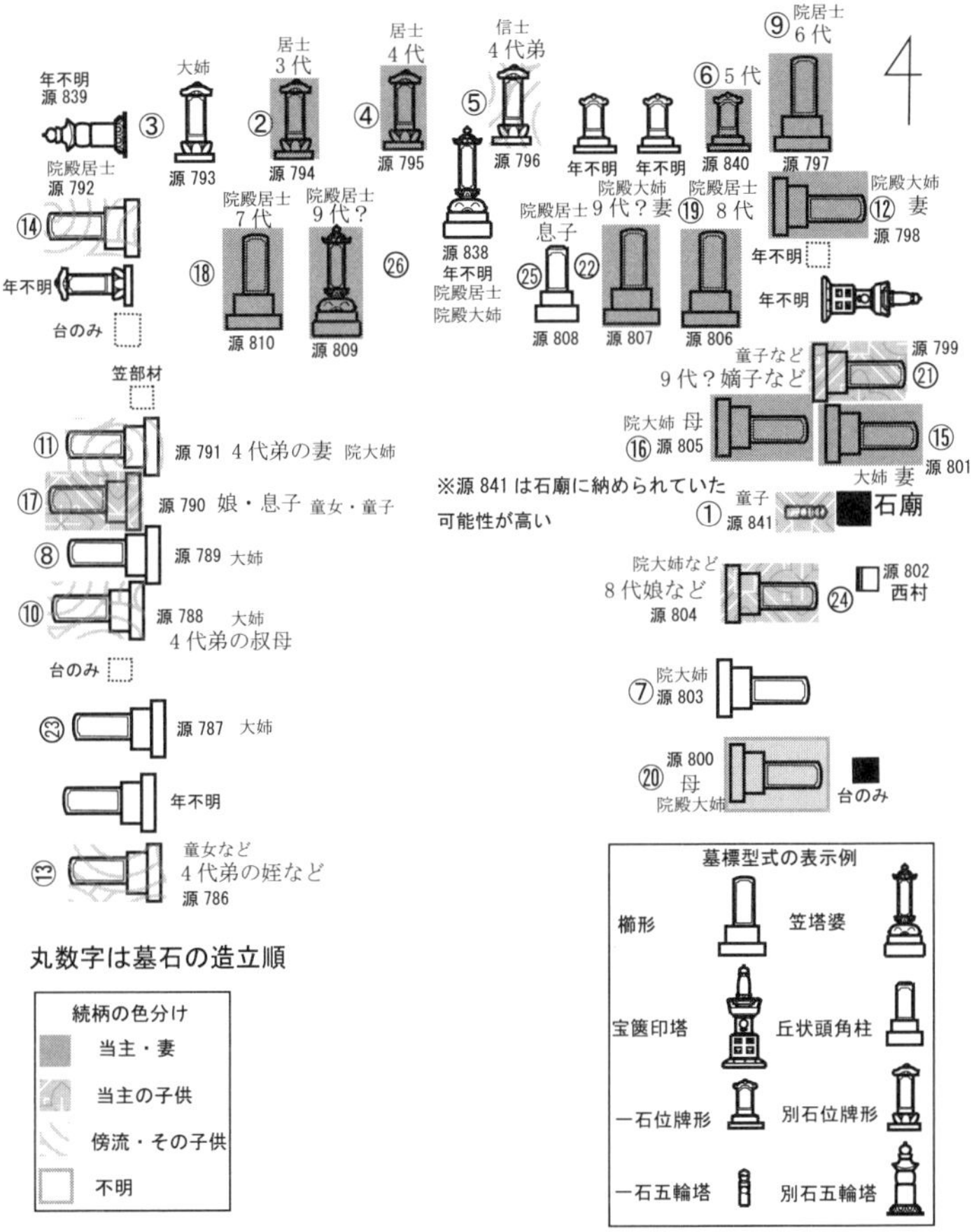


図56　松前藩蠣崎本家の墓所の見取り図

当主以外の傍流やその子どもの墓石は櫛形で、区画の左列に位置する。唯一、延宝元年（一六七三）に死亡した四代目当主の弟の広政の墓石だけが例外で、同時代の当主と同じ別石位牌形で、区画の奥に当主の墓石と並んで建てられている。広政が例外的な扱いを受けたのは、彼が当主と同じく家老を務めたためと考えられる。当主以外の傍流やその子どもの戒名には、院大姉・信士・童女などが使われている。

男児の墓石は前述の正保三年をはじめ一八世紀前半までに四基が建てられているのに対して、女児の墓石は、最も古いものでも宝暦六年（一七五六）まで下る。また男児九名に対し、女児四名と、明らかに男児に比べ女児の墓石が少ない。

以上、蠣崎本家の墓所を例に、どのような墓石がどのような順番で、墓所のどの位置に建てられたのか見てきた。蠣崎本家をはじめ、村上系松前家・次広系蠣崎家・守広系蠣崎家・明石家といった松前藩の重臣層の墓所を検討した結果、墓石が次のような家内秩序に則って建てられたことが判明した。

・墓石の造立は、当主（一七世紀前半〜）、当主の妻（一七世紀後半〜）、当主子どものうち男児（例外を除き一八世紀前半〜）、当主子どものうち女児（一八世紀後半〜）、当主の兄弟姉妹やその子どもたち（例外を除き一九世紀〜）、側室などその他（一九世紀

〜）と、同じ家のなかでも故人の立場によって時差がある。

・家区画内での墓石の配置は、奥側が当主・妻、手前の左右の中ほどが当主の子どもたち、入口付近は傍流やその子ども・その他の家族成員と、家内秩序を反映している。

・家により例外はあるが、夫婦の場合、夫の墓石は妻に比べ一回り大きい。

・子どもの墓石は大人に比べ小さく、男女間で大きさに違いはないが、総じて男児のほうが女児に比べ墓石の保有率が高い。

検討できたのは過去帳や家系図で続柄が明らかになった人物のみであるが、松前藩の場合、重臣層でも原則として墓石が建てられるのは当主とその妻、当主の子どもであり、傍系に当たる人物に関しては、墓石が広く庶民にまで普及した一九世紀でさえ、必ずしも墓石が建てられたわけではないことが判明した。当主の兄弟姉妹に当たる人々も過去帳に記され、供養の対象にはなったが、墓石の造立には至らないことが多かったと思われる。

# 墓石に現れた個性

## 現世を墓石に持ち込む

戒名と没年は江戸時代の墓石にたいてい刻まれているが、戒名のみで没年が彫られていない場合も少なくない。また、戒名や没年に比べ、俗名が彫られている割合は格段に減る。死者を供養するうえで最も重視されていたのは戒名であり、いつ亡くなったのかは二の次で、元々は生前の名前はある意味どうでもよかったのである。しかし、墓石の普及とともに、本来不要であったはずの俗名・享年・出身地など、故人の生前の情報が墓石に盛り込まれるようになる。これら生前の情報は必ずしも死者の供養と直結しない。生前の情報を刻むことで、墓石は死者の供養という本来的な目的とは別に、故人の顕彰という新たな役割を担うことになる。そうした風潮はいつ頃誰によって始められたのであろうか。松前藩を例にその辺の事情を見てみよう（図57）。

俗名を刻む墓石は、ごくわずかだが一六〇〇年代からすでに見られる。しかし一七世紀代はずっと稀《まれ》なままで、墓石が普及する一八世紀にもほとんど増えていない。墓石に刻まれる俗名は、一七二〇年代までは松前藩主家をはじめ苗字を有する人にほぼ限られ、屋号や名のみが現れるのは一七三〇年代以降である。

俗名を刻む墓石は一七九〇年代から一八〇〇年代に急増するが、その後は被供養者数が増えているにもかかわらず頭打ちとなる。墓石に俗名が刻まれた人の割合は、一七八〇年代以前が約四パーセント、一七九〇年代以降は約九パーセントと倍増する。一七九〇年代から一八〇〇年代には、苗字を名乗る者だけでなく、屋号を名乗る人や名のみ名乗る者を含め、全ての階層で墓石に俗名を刻む例が増えている。また、同時期には戒名を刻まず、俗名だけを刻む墓石も現れる。墓石に俗名を記す行為は、一八世紀末から一九世紀初頭に、社会的階層を越えて急に流行り出したといえる。

松前で墓石に享年が刻まれた最初の人物は、元和二年（一六一六）に六九歳で死亡した初代藩主松前慶広である。一七三〇年代以前には享年を刻む墓石は、ほぼ松前藩主家に限られ、歴代藩主の墓石の多くに享年が見られる。

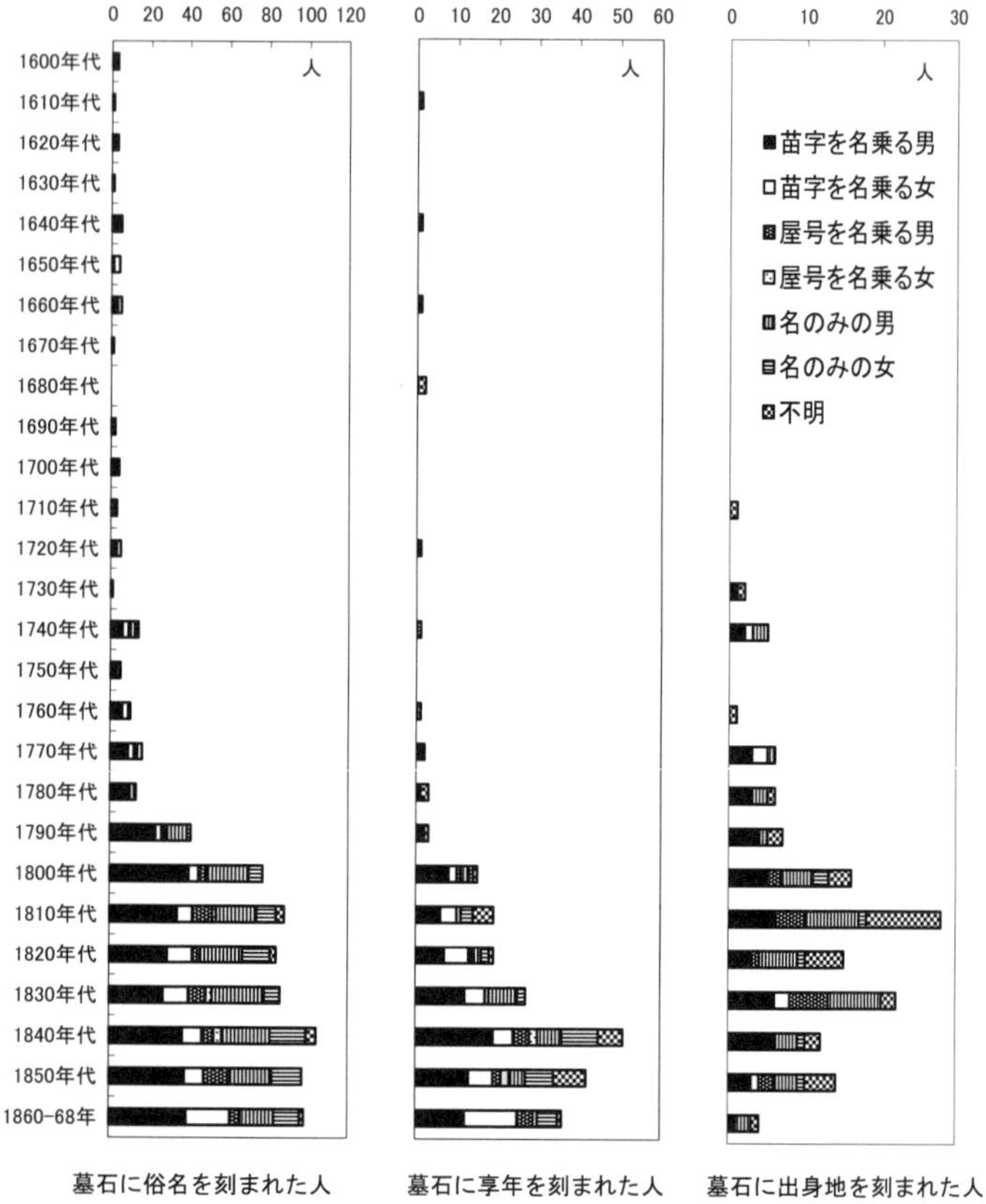


図57　「生前の情報」が刻まれた墓石

享年を刻む墓石が急増するのは一八〇〇年代であり、それ以降も被供養者数が増加するにつれ、一八四〇年代まで増え続ける。享年が刻まれた人の割合は、一七九〇年代以前が約〇・六パーセント、一八〇〇年代以降は約三パーセントと、約五倍に増えている。一九世紀には、全ての階層で享年を刻む墓石が増えることから、階層を越えた流行と見られる。

江戸時代の松前は、内地と蝦夷《えぞち》地を結ぶ北のターミナルとして栄えており、内地から多くの人がやってきた。出身地を刻む墓石は一七一〇年代に初めて現れる。一七七〇年代以降、出身地を刻む墓石が安定的に建てられており、一八〇〇年代に急増、続く一八一〇年代にピークを迎える。その後、一八二〇年代から五〇年代にかけては増減を繰り返すが、箱館開港により北のターミナルが松前から箱館に移った一八六〇年代には急速に数が減る。

墓石に出身地が刻まれた人は、一七〇〇年代以前は皆無で、一七一〇〜九〇年代までが約一パーセント、一八〇〇〜五〇年代までが約二パーセント、一八六〇年代は約〇・四パーセントである。

出身地を刻む墓石は圧倒的に男性が多い。松前では、越前《えちぜん》・加賀《かが》・越後《えちご》・佐渡《さど》など北陸地方の日本海沿岸出身者の墓石は浄土真宗の専念寺に、船乗りの輩出地として全国に知られる讃岐《さぬき》国塩飽《しあく》の出身者の墓石は真言宗の萬福寺跡に集中する。北の異郷に骨を埋めた彼らは、死してなお独自のコミュニティを形成していたのである。

### 墓誌を記した墓石

墓誌は「故人情報」が記された金石文である。日本では、中国・唐の影響により、畿内で七世紀後半〜八世紀の貴族の墓から墓誌を刻んだ金属板や蔵骨器《ぞうこつき》が発見されている（奈良国立文化財研究所飛鳥資料館編『日本古代の墓誌』同朋舎、一九七九年）。九世紀以降、我が国では長らく墓誌は見られなくなるが、儒教の影響により江戸時代に再び現れ、江戸後期には武家や僧侶の墓を中心に流行した。江戸の墓誌は古くから名墓を訪ね歩く掃苔家《そうたいか》の関心を集めてきた（藤波和子編『東京掃苔録』東京名墓顕彰会、一九四〇年）。近年は江戸の女性の墓誌を集めた研究も発表されている（柴田光彦『江戸女人の碑文』勉誠出版、二〇〇九年）。

江戸時代の墓誌は、石室や甕棺《かめかん》など埋葬施設の蓋石《ふたいし》に刻んだもの、石板に刻み墓のなかに納めたもの、墓石に刻んだもの、台石が亀の形をした亀趺碑《きふひ》（図58）などの墓石とは別の石碑に刻んだものがある。江戸の芝増上寺徳川将軍墓や上野寛永寺徳川家御裏方墓をはじめ、大名墓では石室の蓋石に墓誌が刻まれている例が多い。墓誌の形態と墓誌の内容の間に特段の関係性は見られない。墓のなかに納められた蓋石や石板に記された墓誌は目にすることができないのに対して、地上に露出している墓石や石碑に刻まれた墓誌は、後々

図58　墓石と亀趺碑（山口県萩市東光寺毛利家墓所，2017年筆者撮影）

まで人の目に触れることを意識していると思われる。

墓誌には、俗名・経歴・死亡年月日・死因・享年などの「故人情報」や、墓誌の作成や墓の造営に関わった関係者の名前が記されている。江戸時代の墓誌は、俗名や死亡年月日などを簡潔に記しただけのものから、故人の生涯を詳細に記したものまで実に多様である。

墓誌を伴う墓石の比率は、場所や寺院により大きく異なり、武家が多く住む城下町で高く、反対に武家の少ない在方では低い。また同じ城下町の寺院でも檀家に武家の多い寺では墓誌を伴う墓石が多く見られるが、町人主体の寺では少ない。武家以外では僧侶や医師など知識人の墓石に墓誌が多く見られる。筆者が調査した越前敦賀では十八世紀後半から墓誌を伴う墓石が建てられており、町年寄などの役人や名家、医師に交じって、彫金の下地職人や、謡曲や舞の師匠の墓石にも墓誌が見られた。

最北の城下町である北海道松前町で墓誌を伴う墓石が現れるのは、一八〇〇年代であり、箱館や江差もほぼ同時期であった。なかでもひときわ異彩を放つのが、浄土真宗専念寺の墓地にある松前藩医桜井小膳《さくらいしょうぜん》の墓誌である（図59）。

桜井小膳（一七六八〜一八三八）は日本で初めて種痘術《しゅとう》を施した中川五郎治からその方法を学び、松前で広めた人物として歴史上に名を残す。また弟の義山《ぎざん》は画人として知られている。墓誌に記されているように会葬者が千人を超えたというから、彼は松前では相当有名な人物であったようだ。

桜井小膳の墓石は、高さ約二メートル、幅一・六四メートルの扁平な自然石で、専念寺の墓地でもひときわ目に付く。墓石の前面には、本文だけで一一七二字もの長文の墓誌が刻まれている。墓誌には彼自身のきわめて詳細な経歴や、病を得てから葬儀・埋葬に至るまでの経過とともに、先祖の事跡や子どもたちの身の振り方までもが記されている。

墓石は、彼の死から三年後の天保一二年（一八四一）に長男の權によって建てられた。

松前故醫官櫻井君小膳墓表銘　江戸浅川鼎撰　松前石井士勵書并篆額
君諱順字子萬小字武一號得常稱小膳櫻井氏松前人本姓永井其先永井大學仕於大坂元和之役城陷
矣遠遁至松前松前　慶廣公愍其孤介無依且愛其材力欲祿而事之不可遂承旨為神明廟廟官後有故
改姓白鳥氏幾傳至君考諱政武娶志村氏生五男四女君即其三也生而穎異非凡年十五慨然志於醫其
意竊謂吾不能為良相必當為良醫而濟人矣是可以已乎不可已也從此人食不食人寐不寐刻苦勤學雖
甚暑寒未嘗頃刻釋卷也年二十奮然負笈尋師遠游京坂之間其意又謂方今以醫仕於侯國者若國家有
事必在行間以充軍用其刮骨縫創固也從軍之士衽金革而蓐食易以感疾況且上霧下潦毒氣薫蒸或以
昏晨犯山川則風露之爪角亦害之當是時救急應變不可與治世同年而語是當預先講究以備不虞而世
無其人豈無其人乎吾未之見耳適有薩摩醫官小田醫三者来寓大坂蓋其人也乃就學焉年餘而盡傳其
秘尚且講習研究實事求是其間攻苦窮乏備書以給鄉人或愍其有志而無資遺金七両以助膏燈之費君
却之曰丈夫立志何因人熱其執志固而不苟蓋可知也寛政四年壬子夏歸省於鄉　松吟公使大夫下國
某私於尾山匡政曰櫻井通義没無嗣矣今順也學成而東歸彼若肯為之後亦公私之利矣汝盍謀諸匡政
乃言之君君於是冒櫻井氏承家襲祿為侍醫時年二十八文化四年丁卯三月　靈照公移封梁川　官使
箱館尹移治於松前更名松前奉行當時君留在松前奉行嘗聞櫻井氏為松前醫祖又知君精治療問以病
案試其方法君詳答明覈若揭火而行乃賞賜白金一枚蓋松前開國始祖　蠣崎若狭守諡曰荷遊公二世
若狭守諡曰法源公櫻井氏祖仁兵衛諱某客於　二公其年月莫攷焉永正十一年甲戌春　法源公使
世子伐大館乃築而居之仁兵衛與有力焉及五世　慶廣公時仁兵衛四世孫稱元三者旁好方技　公特
命開醫藥於松前自是子孫遂以醫仕焉所謂開國世家不可以無後也五年戊辰春先是津軽兵士数百人
戍於宗谷不習水土身盡府腫又連遭瘴癘死者相枕藉焉奉行請君治之君為陳進方法且謂曰是其大略
也古方新病自不相能若夫審其氣候辨其水土隨時應變以施治術顧其人何如耳君若無掣肘吾其往矣
以三月十二日赴宗谷八月二十日歸松前所全活者百有餘人賜宅地一區及金五十餘両蓋報其勞也六
年己巳冬挈家移於梁川文政四年辛巳冬十二月　公復封松前六年癸未夏君亦歸於松前天保九年戊
戌夏巡視使至松前自松前至蝦夷界君皆從焉是歳疫大行途中遇病歸七日以六月二十日而卒得年七
十四葬于專念寺先塋次會葬者盖千有餘人云君為人貞正温和孝於父母信於朋友其立身慎以廉其與
人温以厚故人交慕而親敬之歴仕　三公四十七年祗役江戸十有餘次未嘗失愛於人抑有以也夫君三
娶元配蠣崎氏生一男先卒次配佐佐木氏生二男一女亦先卒男皆夭女為士人妻今配宇野氏生七男一
女曰権嗣承家業曰恒嗣犬上氏曰貞曰紀嗣伊東氏曰永嗣酒井氏曰金嗣江口氏曰時女尚幼銘曰
公之先建國東陲而君之祖佐廟謨於蠣崎　公之先施徳於海涯而君之祖開醫道於蝦夷蠢彼海族長以
服隨天錫之祿子孫咸宜嗚呼君承前啓後若其制行能忠能友技之精妙莫出其右能修三世世業不墜名
家家聲是可以傳勒石墓塋
天保十二年辛丑冬　孝子權建
窪世升

図59　松前藩医桜井小膳の墓石と墓誌（北海道松前町専念寺）

撰文を担当した浅川鼎（一七八一～一八四九）は肥前《ひぜん》平戸藩の儒学者で、江戸の儒学者片山兼山の三男として生まれ、町医の浅川黙翁の嗣子となり、浅川姓を名乗った。師は荻生《おぎゅう》徂徠《そらい》の古文辞学を厳しく排撃した一人として知られる江戸の高名な儒学者山本北山である。書を担当した石井士励（一七九九～一八七〇）は、幕領と蝦夷地との東の境界である山越内関門の幕府勤番役人であった石井善蔵の息子として生まれ、松前藩に祐筆として仕えた書家である。石井士励は、長崎で中国清人の江芸閣から書を学び、幕末に潭香流を開いたことで知られる。

墓石に刻まれた墓誌は、単に彼自身の履歴に止まらず桜井家の歴史に及んでおり、そこでは小膳が過去（先祖）と未来（子孫）をつなぐキーパーソンとなっている。何がしか記録に値する業績を残した先祖を顕彰することにより、家が再認識されているのである。高名な儒学者や書家に墓誌を依頼して建てられた一風変わった墓石は、人の目に触れることが十分意識されており、もはや故人の供養よりも故人の顕彰に力点が置かれているといえよう。

## 辞世を記した墓石

最近は生前に好きだった言葉や歌・詩などを刻む墓石が増えてきた。福井県内で江戸時代の墓石を調査していた折、平成一六年（二〇〇四）に一八歳の若さでこの世を去った青年の墓石の傍らに、森山直太朗さんの名曲「さくら（独唱）」の歌碑が建てられているのを目にした時は、残された遺族の気持ちを想い、胸が詰まった。

江戸時代の墓石にもしばしば辞世や追善のために詠まれた和歌や俳句、漢詩が刻まれている。和歌や俳句、漢詩が墓石に刻まれるようになるのは江戸中期であり、江戸後期には文化人の間で流行する。例えば、東京都台東区元浅草の浄土宗誓教寺にある葛飾北斎《かつしかほくさい》（一七六〇〜一八四九）の墓（東京都指定旧跡）では、墓石の正面に「画狂老人卍墓」、右側面に辞世の句「ひと魂で　ゆく気散じや　夏の原」（人魂になって夏の野原に散歩に出かけよう）が刻まれている。

辞世は、人がやがて我が身に訪れる死を意識（覚悟）した時に作られる。一般に、辞世はその内容から、人生を振り返っての感慨や総括を詠んだもの（死に至るまでの現世を題材としたもの）と、死後の世界への思いを扱ったものとに分けられる。北斎の辞世などは後者に分類されよう。

松前の墓石に刻まれた辞世は、和歌が七首と俳句が二句で、うち五例が現世に主題を置き、残る四例が死後の世界を詠んでいる。松前は近世国家の北の果てだけに、複雑な人生の果てにたどり着いた人々が多く、墓石に刻まれた辞世にも味わい深いものがある。ここでは秀作をいくつか紹介しよう。

【鈴木紀三郎の辞世（浄土宗光善寺）】天保一二年（一八四一）没

「故郷を捨て　旅路の芦の屋に　厭う衾　襲ふる春雨」　樹白雪

鈴木紀三郎は松前藩の上士で、家格は小書院。松前藩の移封に従い文化四年（一八〇七）に奥州梁川《やながわ》に移住し、文化一三年から松前に復領する文政四年（一八二一）まで寺社町奉行を勤めた。復領後は御用人と寺社町奉行を兼務している。辞世の内容はその恵まれた経歴と矛盾しているように見え、改めて人の心の奥底は他人には推察しがたいことを痛感させられる。樹白雪という雅号は、紀貫之をもじったものであろう。

【板東秀蔵の辞世（浄土宗光善寺）】文化三年（一八〇六）没

「面白き　夢も三拾五六年　今は目覚めて　独り旅立つ」

「憎まれて　世に憚るは敵役　憚りかねて　今は冥途」

板東秀蔵は江戸芝口一丁目の出身で、二首の辞世から、江戸で何事かやらかしたため、追われるようにして江戸を離れ、はるばる松前にたどり着き、三五・六歳で亡くなったことが分かる。その松前にもついに居られなくなり、こうして今は冥途に向かっていると詠むあたりに、ユーモアと悲哀が感じられる。

【竹本菊太夫の辞世（浄土真宗専念寺納骨堂前）】文政二年（一八一九）没

「ご贔屓の　熱き想ひを松前に　印を残す　菊の碑」

清七こと竹本菊太夫は、大坂出身で、その芸名から見て義太夫節の太夫と考えられる。芸名にちなんで墓石には菊の花が浮き彫りされており、辞世にも「菊の碑」の文言が巧みに詠みこまれている（図60）。辞世には、松前での彼の贔屓筋《ひいきすじ》に対する感謝の念と、一花咲かせた松前の地に骨を埋めることになったことが詠まれている。なお、義太夫節関係者

図60　竹本菊太夫の墓石（北海道松前町専念寺納骨堂前，2007年筆者撮影）

としては、松前には他にも菊太夫と同じ年に死亡した竹本逸太夫の墓石が曹洞宗法源寺にある。逸太夫の墓石には寛政一一年（一七九九）に死亡した成人女性の戒名も刻まれている。逸太夫は松前で家庭を持っていたのであろう。菊太夫や逸太夫のように、本州での生活に見切りをつけ、新たな人生の舞台に選んだ松前に骨を埋めた人は少なくない。

## 個性的な墓石の出現

人々の意識が先祖を供養するための墓から、家族のため、自分のための墓に変化するのに伴い、近年、従来の墓のイメージにとらわれないかなり個性的な墓石を見かけるようになった。一般社団法人全国優良石材店の会では一九九五年から「ニューデザインお墓写真コンテスト」を開催しており、ホームページでは入選作の写真や墓石建立にまつわるエピソードが紹介されている。

墓石文化が成立した江戸時代には、普通の墓石に飽き足らず、個性的な墓石を建てる人々がすでに存在していた。個性的な墓石を建て始めたのは、大名や茶人・学者などの文化人であった。その一例として、肥後《ひご》熊本藩主細川家の墓を紹介しよう。

細川家の国元における菩提寺の一つ熊本市の臨済宗妙解寺跡には、三〜九・一二代の藩主の墓がある。そのうち六代宣紀《のぶのり》（一七三二年没）・八代重賢《しげかた》（一七八五年没）・一二代斉護《なりもり》（一八六〇年没）の墓石は石燈籠なのである（図61）。八代重賢と一二代斉護の墓石には俗

1

2

3

4

1 ～ 3 熊本市妙解寺跡
4 熊本県宇土市泰勝寺跡

1 熊本藩 6 代藩主細川宣紀墓（1732 年没）
2 熊本藩 8 代藩主細川重賢墓（1785 年没）
3 熊本藩 12 代藩主細川斉護墓（1860 年没）
4 宇土藩 2 代藩主細川有孝墓（1733 年没）

図61　石燈籠形の墓石（2014年筆者撮影）

名・戒名・没年月日が刻まれているが、六代宣紀のものには文字がない。庭に置いてある石燈籠と何ら変わりがないのである。正直、初めて見たときは、これが墓なのかと自分の目を疑った。しかし調べてみると、これらの墓は京都の臨済宗大徳寺の塔頭《たっちゅう》の一つ高桐院にある細川忠興《ただおき》（三斎）とその正室ガラシャ（玉）の分霊墓をモデルとしていることが分かり納得がいった。

高桐院は忠興が父藤孝《ふじたか》（幽斎）の供養のために藤孝の弟の玉甫紹琮《ぎょくほじょうそう》を開祖として建立した細川家の菩提寺の一つである。忠興は正保二年（一六四六）に熊本で亡くなり、熊本城下の臨済宗泰勝寺に葬られる。一方、高桐院には忠興の遺歯を埋納した上に石燈籠を置いた分霊墓が営まれた。この石燈籠は千利休が「天下一」と評価し、利休が切腹するにあたり利休七哲の一人とうたわれた忠興に贈ったもので、死の三年ほど前に忠興自ら墓石として熊本から高桐院に運ばせたと伝えられる。

国元である熊本の泰勝寺跡には、父藤孝夫妻、忠興とその妻ガラシャの霊屋が並び、内部には藩主やその正室の墓にふさわしい大型の五輪塔が置かれている。一方で忠興は、師利休や妻ガラシャとの思い出の地である京都に、自らの意志で、数寄者の面目躍如たる風流な墓を用意していたのである。国元の本葬墓が藩主としての公の墓なら、京都の墓は茶人としての私的な墓といえよう。

細川家にとって忠興は藩政の礎を築いた英雄であり、六・八・一二代の藩主は、その個性がにじみ出た京都高桐院の墓を真似たのであろう。燈籠形の墓石は、支藩の宇土藩の二代藩主細川有孝（一七三三年没）や忠興の嫡男で、廃嫡後に一門首座の細川内膳家の初代となった忠隆（一六四六年没）の墓でも見られる。忠興は死してなお、細川一門に多大な影響を与え続けたといえよう。

さらに時代は下り、庶民にまで墓石が普及した一九世紀になると、各地で風変わりな墓石が見られるようになる（図62）。

奥州白河城下町に位置する福島県白河市の臨済宗皇徳寺には小原庄助のものと伝えられる墓石がある（図62 a）。この墓石は、棹石が徳利形で、笠石は伏せた盃形をしている。小原庄助は民謡「会津磐梯山」の囃子詞《はやしことば》に、「朝寝、朝酒、朝湯が大好きで、それで身上つぶした」として登場する架空の人物である。皇徳寺にある墓は小原庄助のモデルの一人で、安政五年（一八五八）に白河で亡くなった会津塗師久五郎のもので、正面に「米汁呑了信士」と刻まれている。ふざけているとしか思えない戒名や墓前に供えられた缶ビール・カップ酒が笑いを誘う。

奥州街道草加宿に位置する埼玉県草加市の真言宗松寿山東福寺には、正面に徳利と盃を浮き彫りした丘状頭角柱形の棹石の上に、梵字《ぼんじ》ア（胎蔵界大日如来）を刻んだ酒樽を載せた風変わりな墓石がある（図62ｂ）。墓石の形もさることながら「金玉道士」という故人の名前が興味をそそる。棹石の左側面には辞世の歌が、右側面には次のような墓誌が刻まれている。

爰有間人不知其産常直而遊市中好
集杯為樽友以問其酔郷我者之無氏
無家而似孤鶴又雖窮界不恨只是向
酒泉為太守政快然不誇貧身富心故
呼而云金玉道士偶登松壽山僧拝自
云有命終定日則到日於原嶋某之歓
宴快々死衆塹其奇即今建之
本久誌
于時　文政七甲申四月十日

金玉道士は間人、すなわち気ままに暮らして自由を楽しむ人で、酒を愛してやまなかった。彼は市中に遊び、好んで酒を飲む杯を集めた。墓誌にある酒泉とは、現在の中国甘粛

a 徳利と伏せた盃形の墓石　b 酒樽が載った墓石　c 石臼形の墓石

図62　個性的な江戸時代の墓石（筆者撮影）

省酒泉市にかつて置かれていた郡名で、酒の味がする泉に由来する。杜甫の「飲中八仙歌」にあるように、酒泉郡の長官に任命されることは、酒好きの願いであった。この墓石は、文政七年（一八二四）に大工・鳶者《とびのもの》・荷持など草加宿の職人たちによって建てられた。どこの生まれとも知れぬ彼は、その自由な生き方がこの地の人々にあこがれをもって受け入れられていたに違いない。一風変わった金玉道士の墓石はいつの頃からか「キンタマサマ」と呼ばれるようになり、下の病の快癒を祈る人々が酒を供えるようになり、寺でも墓石を図案化したお札を配るようになったという（草加史談会編『草加の伝承と昔ばなし』二〇〇九年）。

　北前船の寄港地の一つで、米代川河口に位置する秋田県能代市の浄土宗光久寺には、本物の倍近い大きさの挽き臼形の墓石がある（図62ｃ）。台石は下臼形で、上面には六区画の溝が切られ、側面に「墓」と刻まれている。棹石は横倒した上臼で、本物と同じように、中央付近には「もの入れ」と呼ばれる粉砕する物を入れるための穴まであけられている。上臼の凹面には「塩飽」「紙屋仁蔵」、縁には没年の「万延二年（一八六一）」とある。紙屋仁蔵は多くの船乗りを輩出したことで知られる讃岐国塩飽島の船大工兼船乗りで、天保四年（一八三三）に、津軽へ運ぶ予定の米で粥を炊き、天保の飢饉に苦しむ能代の人々に振舞ったと伝えられる。その後、仁蔵は能代で蕎麦屋を営んだとされ、墓石が瀬戸内産と思われる花崗岩《かこうがん》製の臼形なのは、彼の出身地の塩飽と能代での生業である蕎麦屋にちなむものであろう。余談だが、仁蔵は飢饉から能代を救った英雄と見做され、平成二四年（二〇一二）には能代市民会館でミュージカル「紙屋仁蔵物語」が上演されている。

## 動物の墓石

近年はペット専用の墓に加え、飼い主とペットとの合葬墓も増加の一途をたどっているという。今や需要の多いペットのための墓石は、インターネットの通信販売でも簡単に購入できる。

江戸の町では、猫をはじめ、ウグイス・インコ・ウズラなどの小鳥、金魚、スズムシ・マツムシといった昆虫がペットとして飼われていた。江戸時代には犬に比べ圧倒的に猫の方がペットして人気があったが、大名家では座敷犬として小型で性格のおとなしい狆《ちん》や、狩猟犬にもなる大型の洋犬も飼われていた。

江戸遺跡では、品川区仙台坂遺跡（仙台藩下屋敷）、港区白銀館跡《しろがねやかたあと》遺跡（旗本屋敷）、港区芝神明町屋敷遺跡（町人地）から犬の墓、港区汐留《しおどめ》遺跡（仙台藩上屋敷）や文京区真砂《まさご》遺跡（旗本屋敷）では猫の墓が発掘調査されている。白銀館跡遺跡で見つかった犬の墓には、人と同じように三途《さんず》の川の渡し銭として寛永通宝が副葬されていた。

江戸時代に墓石が建てられた代表的な動物としては、大名家の奥方などによって愛玩された狆や猫、大名の愛馬が挙げられる。

東京都港区の伊皿子《いさらご》貝塚遺跡に隣接する大圓寺跡では、大名や旗本の屋敷で飼われていた犬や猫の墓石が発見されている（図63）。それらは小さな櫛形の墓石で、死亡年月日や「離染脱毛狗」「亀毛俊狗」「賢猫」「素毛脱狗」のように犬や猫の特徴に基づく戒名、「染」「亀」「白」といった名前が刻まれており、人間の墓石と変わらない。

両国の回向院《えこういん》の過去帳には、天保七年（一八三六）から嘉永四年（一八五一）までの一六年間で、大名家の奥方・小身の武士・町人などさまざまな人々によって飼われていた犬七匹、猫四匹の戒名が記載されているという（港区伊皿子貝塚遺跡調査団編『伊皿子貝塚遺跡』一九八一年)。江戸後期の江戸の町では現代日本と同じように、ペットとして飼われた犬や猫の供養が行われ、なかには墓石まで建ててもらえた「幸せな犬や猫」までいたのである。

筆者らが調査した福井県敦賀市内でも、時宗来迎寺で花崗岩の円礫《えんれき》に「ちん墓」と刻まれた墓石を無縁墓群のなかから確認している。これまでに江戸以外でも江戸時代に建てられた犬の墓石は知られてはいたが、それらは藩主に殉じた飼い主の家老の後を追ったと伝えられる長崎県大村市本経寺の「義犬華丸墓」のように、何らかの「特別な事情」のある犬の墓石であった。その意味では、敦賀来迎寺のものは、地方でもペットとして飼われていた普通の犬の墓石が建てられたことを示す貴重な事例といえる。

馬の例として、松前藩一二代藩主にして、幕末に老中も務めた松前崇広《まつまえたかひろ》の愛馬「東雲《しののめ》」の墓石を紹介しよう(図64)。この墓石は城下町の西端、松前大島噴火に伴う寛保の大津波による犠牲者の供養塔がある光明寺と、立石野の刑場に挟まれた場所に位置する。高さ一・七メートル、幅一・四七メートル、厚さ〇・一五メートルの板状の石の表に「駿足　東雲墓」と大書し、背面には次のような墓誌が刻まれている。

東雲者　公常所乗神駿超越歴千
里之遠如有餘力　公愛養之玉山

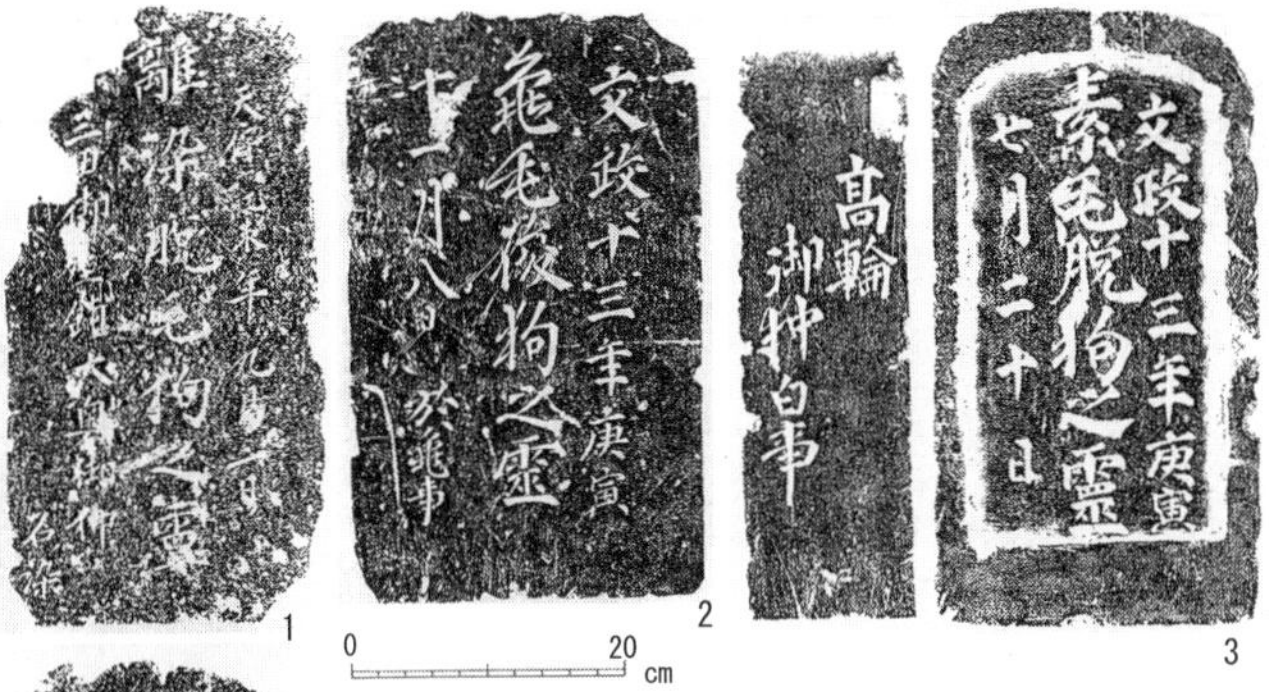

1 天保六乙未年九月二日（1835）　離染脱毛狗之墓
三田御屋敷大奥御狗　名染
2 文政十三年庚寅十一月八日（1830）　亀毛俊狗之墓
於亀事
3 文政十三年庚寅七月二十日（1830）　素毛脱狗之墓
高輪　御狗白事
4 明和三丙戌年二月十一日（1766）　賢猫之塔
（原図：『伊皿子貝塚遺跡』同調査団、1981 年）

図63　江戸で飼われていた犬や猫の墓石

図64　松前藩主愛馬「東雲」の墓石（北海道松前町, 2013年筆者撮影）

之禾醴泉之流至優渥歳已二十餘
而雋逸不滅真馬之良者也其死也
公悼惜不已命圉人葬之於城西立
石野且命臣養銘之
蛟龍種房星精　産我東海之傍
克體坤元柔順　允恊乾徳健剛
竭力死而后已　宜家罔極寵光
七尺墳三尺石　更表其徳無疆
嘉永七年歳次甲寅秋八月既望建

墓誌によれば東雲は駿足で、長い距離を走っても疲れを知らず、二〇歳を超えた老馬となっても名馬の名をほしいままにした。東雲が死亡すると、崇広は深く悲しみ、馬飼いに命じて城の西方の立石野に約二一二センチの墳墓を作らせ、高さ約九一センチの墓石が嘉永七年（一八五四）八月一六日に建てられた。書家の永田青雲氏によれば、東雲の墓石は、先に紹介した松前藩医桜井小膳の墓石と同じ石井士励の書と見られるという（『道南の碑』幻洋社、一九九六年）。さすがは殿様の愛馬。墓石も並の人間のものよりはるかに上等である。

# 大名墓に込められた思い

# 国元の墓と江戸の墓

## 大名の墓は一つじゃない

日本史のなかで、江戸時代は古墳時代に次いで支配者が大きな墓を築いた時代である。貴族や中世の武家は、死を契機として寺院が建てられ、その開基になることが多いが、その場合でも墓所や墓石自体はさほど大きくはない。一方、豊臣秀吉の豊国廟《ほうこくびょう》に始まる近世大名の廟墓《びょうぼ》は、墓所・墓石ともに抜きんでて大きく、大名を頂点とした身分秩序が墓制に現れている。秀吉の豊国廟や徳川家康の東照宮《とうしょうぐう》により墓所は権威の象徴性を発揚する場となり、それに倣《なら》って営まれた大名墓は、幕藩体制下で各大名家の権力の正当性を内外に示す役割を果たしたとされる（大名墓研究会編『近世大名墓の成立』雄山閣、二〇一四年）。

近世大名は、家格・官位・石高・役職を反映した江戸城内の伺候席上、大廊下上之部屋から菊間広縁まで格付けされていた。将軍から一万石以上の領地を認められた大名は、全国に二六〇から二七〇家もあった。江戸時代を通して一つの大名家に平均一五名の当主がいたと見積もると、近世大名の総数は約四〇〇〇名に及ぶ計算となる。

大名家の多くは国元と江戸に加え、紀州高野山《こうやさん》にも墓所があった。転封を繰り返した大名家では墓所の数はさらに増える。大名のなかには、死後、国元と江戸、さらには高野山などに複数の墓が作られる例が多いことから、江戸時代の大名墓は、当主の墓に限っても一万基近くに達すると推定される。近年はお城めぐりのついでに大名家墓所を訪ね歩く人々が増えており、お墓巡りに便利なハンドブックも刊行されている（坂詰秀一監修『近世大名墓所要覧』ニューサイエンス社、二〇一〇年）。

大名墓の研究が進むなかで、近世大名の葬墓制が戦国大名の造墓規範を継承しながらも、独自にそれを継承・発展させ、家（藩）ごとに葬儀礼を確立したことが明らかとなってきた（松原典明『近世大名葬制に考古学的研究』雄山閣、二〇一二年）。一方で、同じ大名家でも国元・江戸・高野山で墓の様相は全く異なる。全国の大名墓が集まる江戸や高野山では、家ごとの独自性を持ちつつも、徳川将軍家を頂点とする大名間の身分秩序に則り、墓の型式や大きさにある程度の制約が窺える。例えば、東京タワーに隣接する港区芝の臨済宗金地院は南部一族の菩提寺《ぼだいじ》で、陸奥《むつ》盛岡藩主南部家と八戸藩主南部家の墓所が並んでいるが、両者の違いは歴然としている。すなわち両家とも伊豆石《いずいし》製の五輪塔《ごりんとう》でありながら、八戸南部家の墓所には、本家筋に当たる盛岡南部家の墓所に見られる石柵・門・石段がない（図65）。また、同じ金地院にある盛岡藩の家老を勤めた遠野南部家の墓は五輪塔ではなく宝《ほう》篋印塔《きょういんとう》である。同じ南部一族とはいえ、墓石には、盛岡南部家・八戸南部家・遠野南部家の家格の違いが明確に現れている。

一方、国元の墓では、大名を頂点とする藩内の身分秩序は存在するものの、大名家ごとの個性が前面に出ており、全国各地の大名墓を「前方後円墳体制」のような政治秩序に基づき定型化することはできない。

大名墓には、遺体が埋葬されている「本葬墓」、遺体を伴わない詣り墓としての「分霊墓」、転封などに伴い遺体・副葬品などを改葬した「改葬墓」がある。分霊墓の成立には、参勤交代制が密接に関係している。すなわち参勤交代制の確立により、江戸から遠く離れた場所に領国を有する大名家の多くは、国元と江戸の両方に墓所を構えることになった。なかには国元に墓所を設けることなく、江戸や先祖の故地である本貫地に墓所を作り続け

図65　盛岡南部家墓所（右）と八戸南部家墓所（左）
（東京都港区金地院，2014年筆者撮影）

る大名家もあるが、数は少ない。若狭国小浜藩→出雲国松江藩→播磨国竜野藩→讃岐国丸亀藩と転封を繰り返した京極家は、京極氏の始祖佐々木氏信の菩提寺である滋賀県米原市の清滝寺徳源院に歴代の墓を営んでおり、本貫地を墓所とする数少ない大名家である。

国元で亡くなった大名は国元に埋葬されるのに対して、江戸で死亡した場合には、江戸の墓所に埋葬する、遺体（遺骨）を国元に運び埋葬する、遺骨を分けて江戸と国元の両方の墓所に納める、の三通りのケースがあった。

大名墓は支配の正当性と格式序列を再確認し、藩内に政治的安定性をもたらす重要な装置（記念物）であった。そのため、江戸・国元にかかわらず、墓所に歴代の藩主の墓を必要とした藩は多く、遺体（遺骨）の代わりに遺髪や爪、位牌などを納めた分霊墓が営まれた。

本葬墓と分霊墓は見かけ上同じように作られており、今日、私たちが墓石など地上の施設から、その墓が本葬・分霊・改葬のどれなのかを見分けることは不可能に近い。実際、複数の墓を有する大名のなかには、すでに江戸時代に埋葬地（本葬墓）が分からなくなり、墓を掘り返して遺骨を探した例もある。

埋葬場所を記した古文書や伝承がある場合でも、油断ならない。桜田門外の変で暗殺された大老井伊直弼《いいなおすけ》は、井伊家の菩提寺の一つである東京都世田谷区の曹洞宗豪徳寺に葬られたとされ、伊豆石製の笠塔婆《かさとうば》形の墓石がある（国史跡）。傾いた墓石の修繕工事に伴い、二〇〇九年に世田谷区教育委員会により発掘調査が、翌年には東京工業大学により地中レーダー探査が行われたが、墓石の下から埋葬施設は見つからなかった。井伊大老は豪徳寺には埋葬されていなかったのだ。井伊直弼に関しては、国元である滋賀県彦根市の曹洞宗天寧寺に暗殺された際に血で染まった衣類や土を納めたと伝わる宝篋印塔が、栃木県佐野市の曹洞宗天応寺には遺髪と辞世の句を納めたとされる笠塔婆形の墓石がある。はたして井伊大老の遺体はどこに埋葬されているのであろうか。墓が複数ある場合、最終的には発掘調査をしない限り、一〇〇パーセントの確率で本葬墓を特定することはできないのである。

## 大名墓の上部施設とその系譜

近世大名墓の実態解明が進むにつれ、現在私たちが目にしている大名墓が、造営当時の姿をとどめているとは限らないことが分かってきた。江戸時代にもさまざまな理由で墓所の改変は行われているが、特に明治初期の廃仏毀釈《はいぶつきしゃく》・廃藩置県は、精神的にも経済的にも大名家墓所に大きな影響を及ぼした。廃仏毀釈の影響は、鹿児島藩や熊本藩など九州の大名墓で特に顕著である。東国においても四代藩主伊達綱村《だてつなむら》に始まる黄檗宗大年寺仙台藩主伊達家墓所をはじめ、大名家の葬制が仏式から神式に変わったことで荒廃した墓所は少なくない。

史跡指定に伴い調査が行われた石川県金沢市野田山の金沢藩主前田家墓所や、滋賀県彦根市曹洞宗清凉寺の彦根藩主井伊家墓所では、江戸時代に描かれた絵図面との対比から、また岩手県盛岡市聖壽禅寺の盛岡藩三代藩主南部重直墓では発掘調査により、現在残っていない霊屋《たまや》が墓石を覆っていたことが判明している。墓石に比べ耐久性が低いため遺存例が少ないだけで、基壇や礎石から見て本来は木造霊屋が伴っていたと推定される大名墓は枚挙に暇がない。

大名墓は一般の墓と異なり、墓石以外にもさまざまな施設を伴う。大名墓に見られる地上施設には、霊屋（鞘堂《さやどう》）、拝殿（拝所）、門、墓標・位牌《いはい》（神主）、基壇、墳丘、堀、玉垣・土塁・板塀・築地・石柵、鳥居、敷磚《しきせん》、燈籠、花瓶、手水鉢《ちょうずばち》（水盤）、香炉（香台）、顕彰碑・神道碑などがある。

大名墓ではしばしば墓前に鳥居や手水鉢がある（図66）。神社で見かける鳥居や手水鉢がお墓にあるのは意外に思われるかもしれない。最近の研究で、大名の葬墓制には仏教だけでなく神道や儒教の考えが複雑に交差していることが分かってきた。徳川幕府の宗教統制政策の要である寺檀家制度、日本古来の神道、幕府が武家政治の基本理念とした儒学、この三者のバランスのなかで大名家が墓を営んだ結果、大名墓の多様性が生じたのである。

墓前や墓道に整然と並ぶ石燈籠には、墓石の大きさ同様、見る者に大名の権力を見せつける視覚的効果がある。重臣や近習により奉納された石燈籠は、大名墓が身分秩序を再確認する場であることを物語る（図66）。その最たるものが徳川将軍墓である。

港区芝増上寺にはかつて全国の諸大名から将軍家の墓前に献上された銅燈籠や石燈籠が多数あった。東京大空襲で焼け野原となった増上寺の北墓所に東京プリンスホテルが建設

図66　墓前に置かれた鳥居と石燈籠（山口県萩市大照院毛利家墓所，2017年筆者撮影）

されることになり、徳川将軍家墓所の発掘調査が行われた（鈴木尚・矢島恭介・山辺知行編『増上寺徳川将軍墓とその遺品・遺体』東京大学出版会、一九六七年）。調査後、一〇〇〇基近くの石燈籠が、ホテル事業の開発主である国土計画興業株式会社（現在の西武鉄道グループ）によって、埼玉県所沢市の現西武球場近くの空き地に運ばれた。その後、西武球場の造成に伴い、石燈籠は西武鉄道沿線を中心に各地へ「寄進」されていった。現在も増上寺に残る石燈籠はわずか三八基なのに対して、移設された石燈籠は、これまでに北海道から静岡県まで約七〇〇基が確認されている。

話を大名墓の地上施設に戻そう。大名墓

は、地上施設の機能と系譜から次のように分類できる。

1類：埋葬施設上に霊屋が建つもので、内部に墓標を納めるa類と、木像を納めたb類（御影堂《みえいどう》）、位牌（神主）を納めたc類に細分できる。

2類：埋葬施設上の霊屋とは別に拝殿を有するもの。

3類：埋葬施設上に墳丘を構築し、手前に礼拝施設（遥拝所）を有するもの。墳丘形態（円形・方形・八角形・馬鬣《ばりよう》形）と礼拝施設（木造拝殿・石廟《せきびよう》・亀趺《きふ》碑など）によって細分される。

4類：埋葬施設上に基壇を構築し、その上に墓石を設置するが、覆屋《おおいや》（鞘堂）は設けないもの。基壇の構造（壇上積《だんじようづみ》・間知積《けんちづみ》）や墓石の形態により細分される。

1類は中世禅宗塔頭《たつちゆう》寺院の開山堂から派生したもので、内部に墓標を納めたa類は戦国大名墓にすでに採用されている。霊屋は木造建造物が多いが、積雪の多い日本海側を中心に、地域によっては、石製の霊屋、すなわち石廟も見られる。このうち越前・若狭で成立した福井市足羽山《あすわやま》産の笏谷石《しやくだにいし》を用いた越前式石廟は、高野山奥之院の福井藩初代藩主結城秀康《ゆうきひでやす》廟において完成する。内部に位牌（神主）を納めたc類は、近世大名墓に神葬《しんそう》や儒葬《じゆそう》が取り入れられた一七世紀中葉に成立したと考えられる。

2類は秀吉の霊を祀るため、慶長四年（一五九九）に京・阿弥陀ヶ峯に営まれた豊国廟に始まり、七代までの徳川将軍墓や宮城県仙台市経ヶ峯の初代から三代までの仙台藩主墓、熊本市妙解寺跡の初代・二代熊本藩主墓などに見られ、初期近世大名墓の頂点に位置する。

3類は愛知県瀬戸市定光寺の尾張徳川家初代義直《よしなお》（源敬公）廟（儒葬墓・円墳）、茨城県常陸太田市瑞龍山の水戸徳川家墓所（儒葬墓・馬鬣封／円錐形）、福島県会津若松市の会津藩松平家墓所（神道葬墓・円墳）、金沢市野田山の金沢藩主前田家墓所（仏葬墓・有段方墳）、岡山県備前市和意谷敦土山の岡山藩主池田家墓所（儒葬墓・円墳）などが知られる。野田山の金沢藩主前田家墓所以外は儒葬ないし神道葬式で、埋葬施設上の墳丘は小さく前面に亀趺碑などの大型の石碑が建つ。前田家墓所を特徴づける有段方墳の系譜については、北陸の中世墳墓に由来するという説と、儒葬が盛んな韓国のマウンドを伴う墓に由来するとする説がある。3類のうち儒葬式の墓では、慶安四・承応元年（一六五一・五二）に造営された尾張徳川家初代義直廟が古くかつ最も大きいことから、大名墓の一型式として定着するにあたり、義直廟がモデルの役割を果たしたと思われる。

4類は近世墓の最も一般的な型式である。静岡市久能山東照宮の徳川家康墓や石川県高岡市の金沢藩二代藩主前田利長《まえだとしなが》墓は、4類を代表する石積大型基壇墓であり、大名墓の一

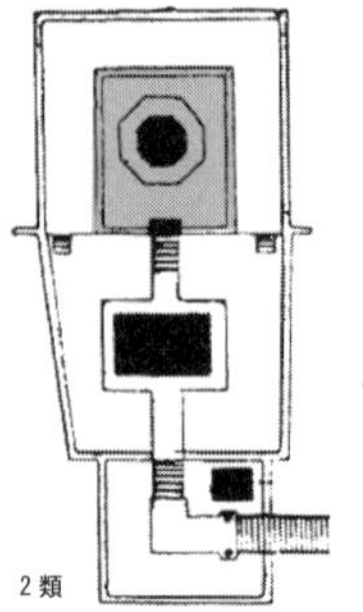

2 類
初代将軍徳川家康本葬墓
（日光東照宮奥社）
1617 年造　1641 年・1683 年改造
（村上訒一『日本の美術 295 霊廟建築』）

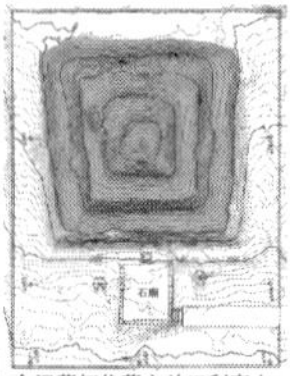


3 類
金沢藩初代藩主前田利家本葬墓（野田山）1599 年造
（金沢市『野田山・加賀藩主前田家墓所調査報告書』

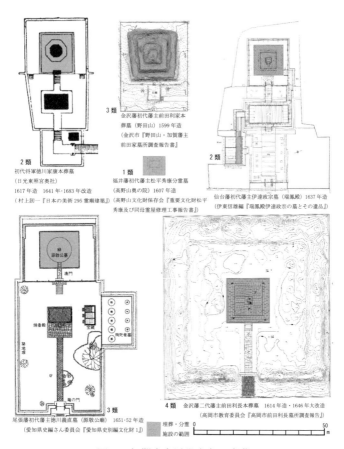

1 類
福井藩初代藩主松平秀康分霊墓
（高野山奥の院）1607 年造
（高野山文化財保存会『重要文化財松平秀康及び同母霊屋修理工事報告書』）

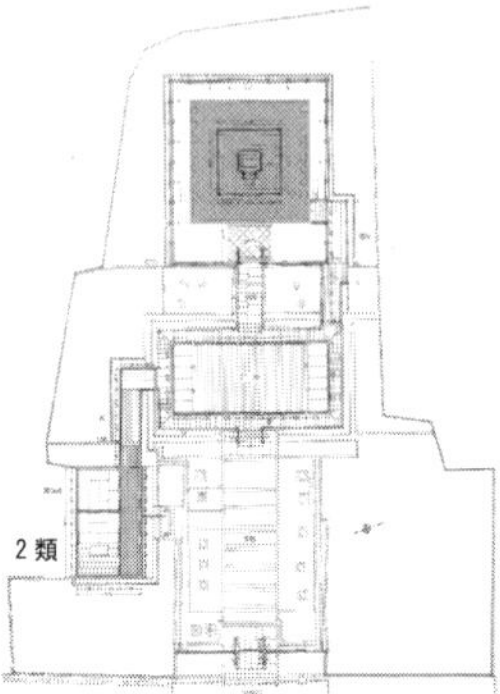

2 類
仙台藩初代藩主伊達政宗墓（瑞鳳殿）1637 年造
（伊東信雄編『瑞鳳殿伊達政宗の墓とその遺品』）

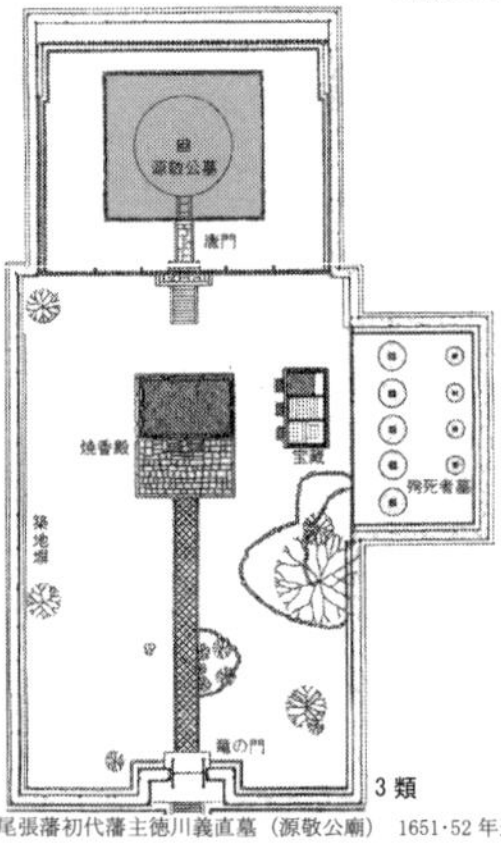


3 類
尾張藩初代藩主徳川義直墓（源敬公廟）　1651・52 年造
（愛知県史編さん委員会『愛知県史別編文化財 1』）

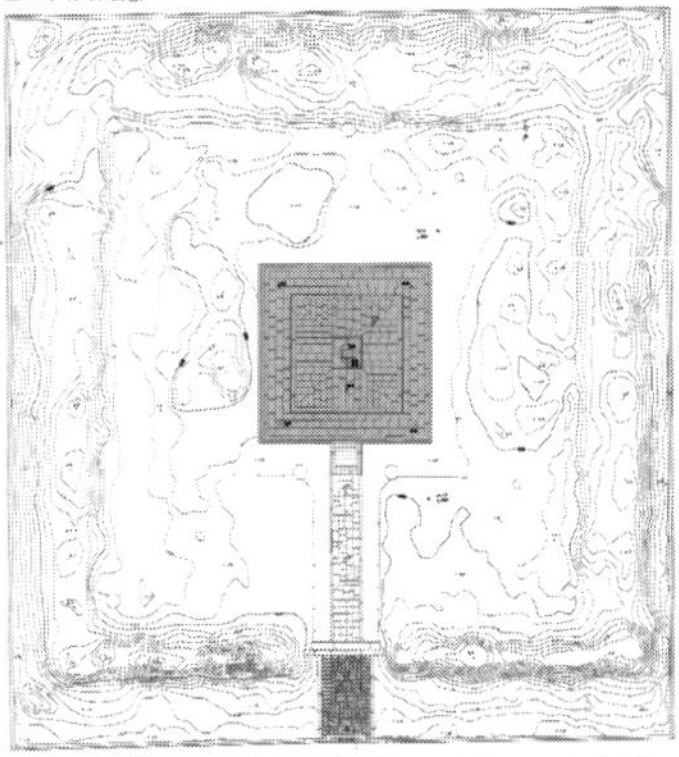

4 類　金沢藩二代藩主前田利長本葬墓　1614 年造・1646 年大改造
（高岡市教育委員会『高岡市前田利長墓所調査報告』）

埋葬・分霊施設の範囲　0　50 m

図67　初期有力近世大名の廟墓

型式として4類が定着するにあたり、モデルとなった可能性がある。なお、石積基壇墓についてては中世高僧の墓に系譜がたどれるとの意見がある（高岡市教育委員会編『高岡市前田利長墓所調査報告』二〇〇八年）。

一七世紀中葉以前に造営された主な有力大名墓は、廟墓全体の規模や構造はそれぞれ違いがあるものの、分霊墓である高野山奥之院の松平（結城）秀康の石廟を除き、核となる埋葬（本葬）施設の種類は異なってもその面積は意外なほど似かよっている（図67）。

以上、近世大名墓の地上施設のうち1類と4類は中世墓に起源がたどれるが、大名墓への採用に伴い飛躍的に大型化する。豊国廟を原点とする2類は近世王権墓にふさわしい新たな構造だが、徳川将軍家・仙台藩主家ともに一八世紀初頭には姿を消す。1類は2類よりも格が下がる。江戸に営まれた大名墓が七代以前の将軍墓を除き4類に属するのに対して、国元では次第に4類が増加するものの、1・3類も幕末まで存続し、高野山には1・4類が見られる。

### 墓石があるとは限らない

大多数の大名墓は墓標があるが、墓標の代わりに霊屋内に木像を納めた厨子《ずし》や位牌（神主）を安置する例も見られる。例えば、仙台市経ヶ峯にある仙台藩初代藩主伊達政宗の瑞鳳殿《ずいほうでん》、同じく二代藩主伊達忠宗の感仙《かんせん》殿《でん》、三代藩主伊達綱宗の善応殿《ぜんおうでん》では、霊屋内部に墓石などの墓標はなく、衣冠束帯《いかんそくたい》姿の木造を納めた厨子が置かれていた（伊東信雄編『瑞鳳殿 伊達政宗の墓とその遺品』瑞鳳殿再建期成会、一九七九年・同『感仙殿 伊達忠宗 善応殿 伊達綱宗の墓とその遺品』財団法人瑞鳳殿、一九八五年）。また、ヨーロッパ製のエナメル彩祝婚青色ガラス坏や慶長小判をはじめとする多数の副葬品が出土したことで知られる愛知県幸田町本光寺の肥前島原藩主松平《まつだいら》忠《ただ》雄《かつ》の墓では、石殿内に白木の位牌が納められていた（幸田町教育委員会編『瑞雲山本光寺松平忠雄墓所発掘調査報告』二〇一二年）。

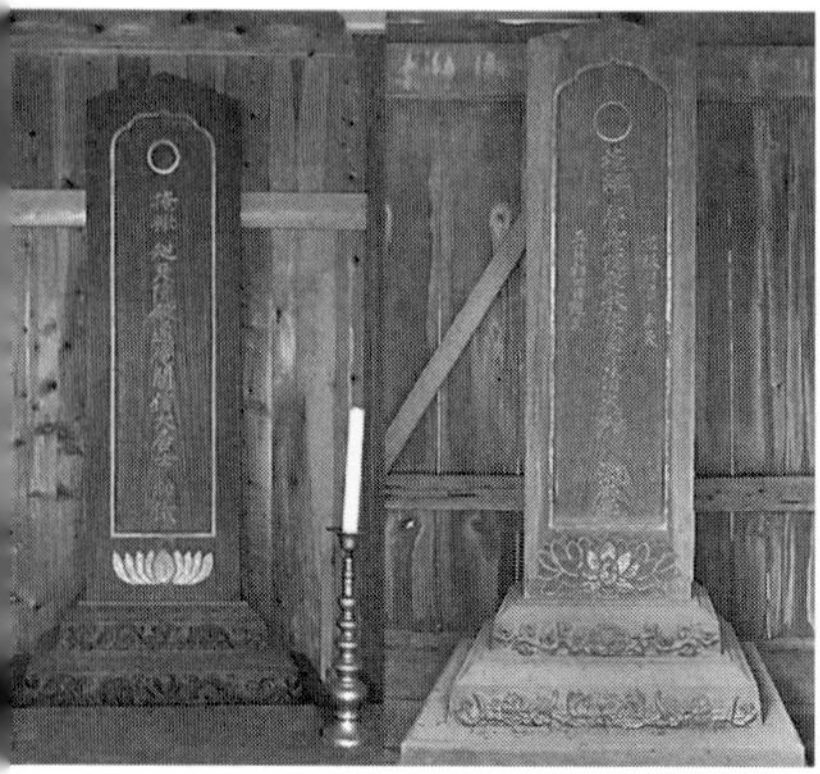

5　6

図68　木製墓標

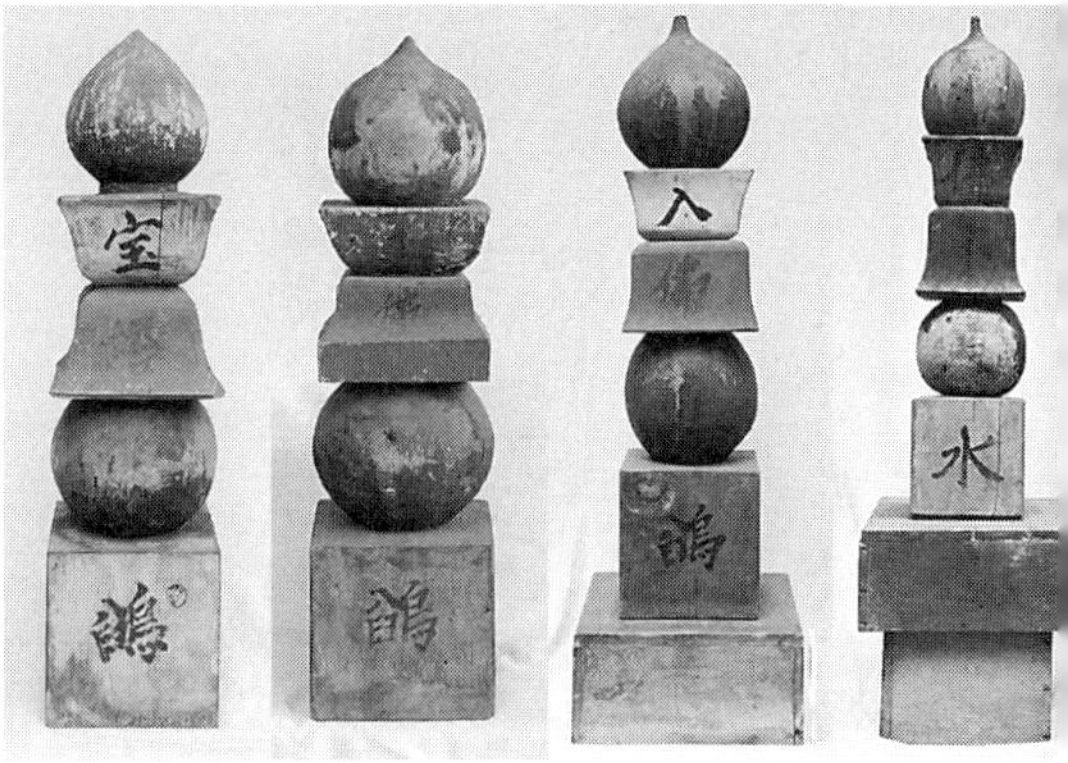


1　2　3　4

1 青森県弘前市長勝寺　弘前藩初代藩主津軽為信室戌姫霊屋（環月
内彩色木製五輪塔 寛永5年（1628）没

2 青森県弘前市長勝寺　弘前藩2代藩主津軽信枚霊屋（碧巌臺）内
木製五輪塔 寛永8年（1631）没

3 青森県弘前市長勝寺　弘前藩2代藩主津軽信枚室満天姫霊屋（明鏡
内彩色木製五輪塔 寛永15年（1638）没

4 青森県弘前市長勝寺　弘前藩3代藩主津軽信義霊屋（白雲臺）内
木製五輪塔 明暦元年（1655）没

5 秋田市闐信寺 佐竹義重霊屋内木製位牌形墓標 慶長17年（1612）

6 秋田市天徳寺　久保田藩3代藩主佐竹義処側室清子霊屋内木製位
墓標 元禄4年（1691）没

大名墓には一般墓と異なり、墓石以外に銅製宝塔や木製宝塔、彩色木製五輪塔などの墓標が見られる。このうち木製の墓標は大名墓に限らず一般墓にも存在した可能性が高い。それら木製墓標は屋外にあって長期間風雨に曝《さら》されて朽ち果ててしまい、大名墓の霊屋内に置かれたものだけが、奇跡的に今日まで残ったのであろう（図68）。

図69　石造宝塔（東京都港区増上寺第9代将軍徳川家重墓，2017年筆者撮影）

大名墓の墓石は五輪塔が最も多いが、無《む》縫塔《ほうとう》など五輪塔以外の型式も少なからず存在し、家毎に個性が見られる。一つの大名家の墓所内では、ほとんどの場合、初代藩主の墓石によって二代以降の墓石の型式や大きさが規定されている。また、藩主を頂点として、藩主生母、藩主後継者、正室、側室、子息女の序列で、型式や大きさに格差が認められる。

墓石の頂点に君臨するのが、木造建造物を模した宝塔で、徳川将軍家（将軍・正室・生母・成人子女）・紀州徳川家・御三卿に使用が限られる（図69）。古くは宝塔と同じく中世からの伝統を持つ五輪塔や宝篋印塔、無縫塔に加え、近世になって現れる五輪塔と宝篋印塔の折衷形などの塔類が目立つが、時期が下るにつれ碑形のものが多くなる。大名家墓所の構成員のなかでは立場が低い側室や子息女の墓には格下の笠塔婆形や角柱形、櫛形の墓石も多い。なお、神葬や儒葬による大名墓では、埋葬施設の前面に亀形の石を台として大型の石碑を乗せた亀趺碑が多く見られる。

# 高野山奥之院の大名墓

## 大名墓の博覧会場

光仁七年（八一六）に弘法大師空海が入定した紀州高野山奥之院は、古代より現在に至るまで納骨信仰の霊場として知られ、全国各地からおびただしい数の納骨・納経が繰り返されてきた。高野山への納骨は、子院では一一世紀からすでに確認できるのに対して奥之院は一二世紀とやや遅れる。中世を通して貴族・僧侶・武家ともに身分の高いものは子院を建立し、そこに納骨し供養していた。一方、奥之院は子院を設けることのできない人々の納骨霊場として機能し、一五世紀以降、おびただしい数の一石五輪塔が林立するようになる（図70）。

一六世紀末から一七世紀初頭に至って、高野山上の各子院は全国各地の大名・武士と宿坊・師檀関係を結び、納骨・供養の依頼を受けるようになる。豊臣秀吉も明智光秀も、上杉謙信も武田信玄も、敵味方の区別なく名だたる戦国武将の廟墓が集まる奥之院は、歴史好きにはたまらない場所といえよう。

奥之院にある三〇万基超とされる石造物は、ユネスコの世界文化遺産「紀伊山地の霊場と参詣道」の構成資産の一つでもある史跡高野山町石とともに、高野山の石造文化を特徴づけている。なかでも奥之院に全国各地の大名家によって営まれた大型の石塔類は、この地がいかに多くの人々の信仰を集めていたかを訪れる者に強く印象づける。

奥之院では慶長期に始まる近世大名家による大型石塔の造営に先行して、伊予国の戦国大名河野道直の天正一五年（一五八七）銘の五輪塔、道直の母の天正一六年銘の五輪塔、天正一八年造立の石田三成逆修《ぎゃくしゅ》五輪塔など、人の背丈大の五輪塔が建立されている（木下浩良『戦国武将と高野山奥之院』朱鷺書房、二〇一四年）。慶長一二年（一六〇七）に徳川家康の次男松平（結城）秀康のために建てられた国内最大の石廟（重要文化財）や、寛永四年（一六二七）に二代将軍徳川秀忠の三男駿河大納言忠長が生母江《ごう》のために建てた奥之院最大の五輪塔（和歌山県指定文化財、通称「一番石」）が示すとおり、慶長から寛永期にかけ、奥之院は徳川将軍家を頂点とする近世大名家の分霊地として確立する（図71）。全

図70　和歌山県高野町高野山奥之院の一石五輪塔
(2016年筆者撮影)

図71　和歌山県高野町高野山奥之院の第２代将軍徳川秀忠正室江墓（2016年筆者撮影）

国各地の諸大名が、競い合うようにして巨大な石塔を次々に建てた結果、奥之院はあたかも「大名墓の博覧会場」の様相を呈することとなった。江戸後期の文化年間（一八〇四〜一八）には全国の二五九の大名家のうち四割強の一一〇家が高野山に石塔を造立していたとされる（日野西眞定『高野山民俗誌 奥の院編』佼成出版社、一九九〇年）。

## 石工銘は語る

鳥居・燈籠・手水鉢など寺社へ奉納された石造物と違って、墓石に石工《いしく》の名前が記されることはほとんどない。しかし、奥之院にある総高三メートルを超す大型の五輪塔や、墓前に設けられた石鳥居・石門のなかには石工の名前が刻まれたものがある。なぜ、奥之院には石工の名前を彫った墓石があるのだろうか。

奥之院にある大名墓のうち五三基で石工銘を確認した。内訳は、五輪塔が四一基と最も多く、石門が八基とこれ次ぎ、他に石鳥居二基、櫛形の墓石一基、球形の墓石一基である。このうち、石門と石鳥居は仙台藩主伊達家の墓所に限られる。伊達家墓所では、歴代藩主の墓石に五輪塔が用いられているものの、五輪塔そのものに石工銘があるのは初代藩主伊達政宗墓のみで、二代藩主忠宗墓と三代藩主綱宗墓は石鳥居に、四代藩主以降は石門に石工銘を刻んでいる。

石工銘のある五三基の石造物に記された石工は六六名である。内訳は大坂石工四六名、

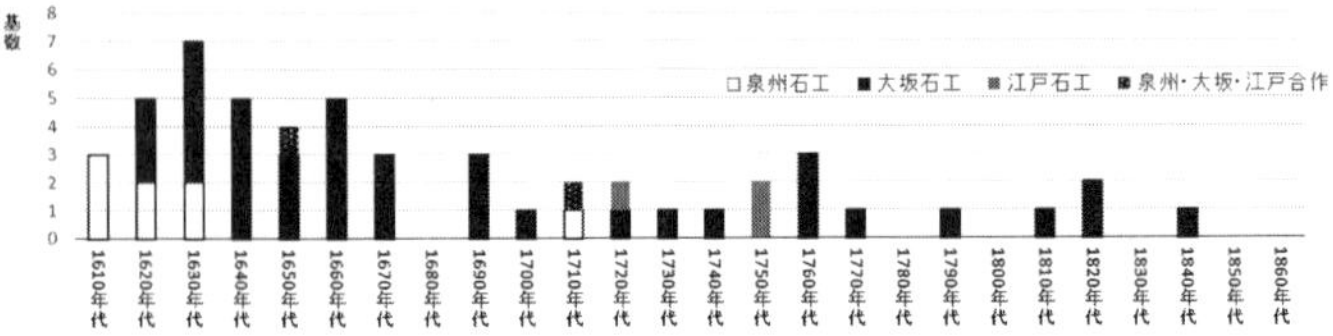


図72　和歌山県高野町高野山奥之院の大名墓を作った石工

泉州石工一五名、江戸石工五名である。前述の伊達忠宗墓と伊達綱宗墓の石鳥居は、泉州・大坂・江戸石工の合作である。

石材は、伊豆石が使われた仙台藩四代藩主伊達綱村墓と五代吉村墓の石門、産地の分からない安山岩《あんざんがん》を使った二本松藩二代藩主丹羽《にわ》長次《ながつぐ》の櫛形の墓石を除き、全て花崗岩《かこうがん》である。伊豆石は伊豆半島東岸から産出する安山岩で、江戸城の石垣や江戸周辺の墓石に多く見られる。伊豆石が使われた綱村と吉村の石門の製作には江戸石工が関わっており、その関係で伊豆石が選ばれたと推測される。

製作者に注目すると、奥之院の近世大名墓は、泉州石工による出現期（一六一〇年代）、泉州石工と大坂石工の併存期（一六二〇～三〇年代）、大坂石工の第一次独占期（一六四〇～一七〇〇年代）、泉州・大坂・江戸の併存期（一七一〇～五〇年代）、大坂石工の第二次独占期（一七六〇年代以降）に区分できる（図72）。

高野山奥之院での大名墓の造営は近世初期に始まり、各地の近世城郭石垣の築造が下火となる寛永期以降、石垣普請と入れ替わる形で大規模公共事業化した可能性が高い。奥之院での大名墓の造営を通して、寺社仏閣に奉納する宮物作りの石工が確立し、ブランド化した可能性がある。

石工の職名は、泉州石工・大坂石工ともに当初は「石大工」であったが、一七世紀半ばにさまざまな呼称が使われた後、一七世紀後半には次第に「石工」に統一されていく。また、高野山奥之院で大名墓の石塔類製作に関わった石工は、奥之院での巨大な大名墓造立が下火となる一六九〇年代以降は奥之院の大名墓以外に各地で鳥居や燈籠なども手掛け、それらに名前を刻むようになる。

慶長年間（一五九六〜一六一五）後半に始まる高野山奥之院の大名墓所での大型石塔類の製作は、城郭石垣の受注量が減少する寛永期以降、畿内の石工集団にとってきわめて魅力的な仕事となったであろう。高野山奥之院で全国の大名家が大型の石塔を競い合うように次々と造営し始めたことにより、泉州石工と大坂石工が互いに製作技術を切磋琢磨し、ミヤモノやカタモノなど石造物の製作を専門とする石工が確立した可能性が高い。そのことは彼ら自身の呼称が石垣から墓石まで多様な仕事を請け負う「石大工」から石造物製作に特化した「石工」に変わったことにも表れている。

高野山奥之院は、泉州石工や大坂石工の高い技術力を全国に示す「展示場」の役割を果たした。彼らの一部は出稼ぎや移住を通して全国に拡散し、江戸をはじめ各地に近世石工が誕生したのである。

# 墓石に現れたヒト・モノ・情報の交流

# 墓石と北前船

## ヒトの移動と墓石の運搬

江戸時代の墓石からは、ヒトの動き（移動）・モノの動き（物流）・情報の動きを読み取ることができる。ヒトの動きに関しては、墓石に刻まれた出身地から墓石の所在地への死者（被供養者）の生前の移動が分かる。モノの動きに関しては、本来、製品としての墓石の運搬と、墓石の原材料である石材の運搬に分けて考える必要がある。なぜなら墓石は、石材の産出地から墓石の製作地を経て消費地（墓地）へ運搬されているからである。しかし、特徴的な石材であれば産出地が比較的容易に特定できるのに対して、墓石の製作地を特定することは、現状では非常に困難である。なぜなら墓石は窯跡のある陶磁器などと違って製作遺跡が残っておらず、製作者

（石工《いしく》）の名前もほとんど刻まれていないからである。そのため地域性が明確なごく一部の墓石を除き、たいていはどこで製作されたのか厳密には分からないのである。したがって、墓石の運搬に関しては、製作地の議論を抜きにして、石材の産出地と石材の消費地である墓地との間の移動が主な検討の対象となる。情報はヒトやモノを媒介して移動するため、ヒトの動きやモノの動きに比べ、情報の動きを把握するには手間がかかる。

重量のある墓石を陸路で運ぶには多大な困難を伴うため、長距離の運搬には多くの場合船が使われた。波の高い外洋を航行する船は、船体の重心を下げて左右への傾きに対する安定性を増すため、船底にバラストを積む必要があったが、それには石が最適であった。バラストとして船に積まれる石は、石垣などの建築資材とともに墓石が多かった。

そもそも鉄道がなかった江戸時代以前には、物資の輸送に関する船の役割は非常に大きかった。鎌倉時代から室町時代にかけて海運が発達したことは、全国各地の中世遺跡から出土する莫大な量の舶載陶磁器や中国銭などが物語っている。列島各地を結ぶ海運のなかでも、東北日本海沿岸の湊町を結ぶルートは、古代から北陸道諸国や北方の出羽《でわ》国と畿内を直結する物流の大動脈であった。鎌倉時代には日本海海運は津軽海峡を越えて北海道に達し、アイヌ社会を日本経済圏に巻き込むほどに活況を呈した（関根達人『モノから見たアイヌ文化史』吉川弘文館、二〇一六年)。江戸時代には日本海海運はさらに発達を遂げ、幕命により出羽米を江戸へ運ぶことになった河村瑞賢《かわむらずいけん》により、寛文一二年(一六七二)に西廻り航路が確立され、瀬戸内海を経由して日本海海運と太平洋海運が結ばれた。

筆者は蝦夷地《えぞち》と京・大坂を結ぶ近世日本海海運の実態を解明するため、蝦夷地への玄関口である北海道渡島《おしま》半島の松前三湊(松前・江差・箱館)と、畿内へ通じる北陸の代表的な湊町である越前国三国・敦賀、若狭国小浜で、江戸時代の墓石の悉皆《しっかい》調査を行った。ここではその成果に基づき、近世日本海海運に関して、湊町の盛衰とヒト・モノ・情報の交流を考えてみよう。

## 墓石に見る湊町の盛衰

すでに述べたように、墓石がある程度普及した江戸中期以降は、墓石に刻まれた被供養者数から死者数の増減を知ることができる。飢饉・疫病・自然災害などで大量の死者が出る死亡クライシス年は別だが、平常年については、死者数は母数である人口をある程度反映していると考えられよう。平たくいえば、人口が多ければそれだけ死者数も多いはずである。この前提に立って墓石に刻まれた被供養者数から湊町の盛衰を読み解いてみよう。

松前三湊と越前三国・敦賀、若狭小浜の墓石の数と被供養者数の変遷を比べてみる(図

73・74)。

箱館では万治二年(一六五九)の墓石が最も古い。箱館で墓石が増加し始めるのは一八世紀以降である。一八一〇年代の停滞期を除き、幕末まで墓石の数も被供養者数も一貫して増加している。特に一八二〇年代以降の増加率がきわめて高い点が注目される。

江差では寛文一一年(一六七一)の墓石が最も古い。箱館同様、墓石が増加し始めるのは一八世紀以降であり、墓石の数も被供養者数も幕末に向かって増加傾向にある。ただし増加率は箱館に比べ緩やかである。

松前では一六二〇年代から墓石が建てられ始め、一七世紀代から一八四〇年代まで墓石数・被供養者数ともに増加が認められる。箱館や江差と違い、松前では一八五〇年代以降、墓石数・被供養者数ともに減少に転じる点が注目される。

箱館・江差・松前を比較することにより、松前三湊の盛衰が見えてくる。すなわち、松前三湊のなかで幕藩体制の成立とともに早くから湊町としての地位を確立したのは、城下町松前だけであり、箱館と江差が湊町として賑わいだすのは一八世紀以降である。一八世紀以降、松前や箱館では人口が急激に増加したと考えられるのに対して、江差の人口増加率はさほど高くなかったと推定される。

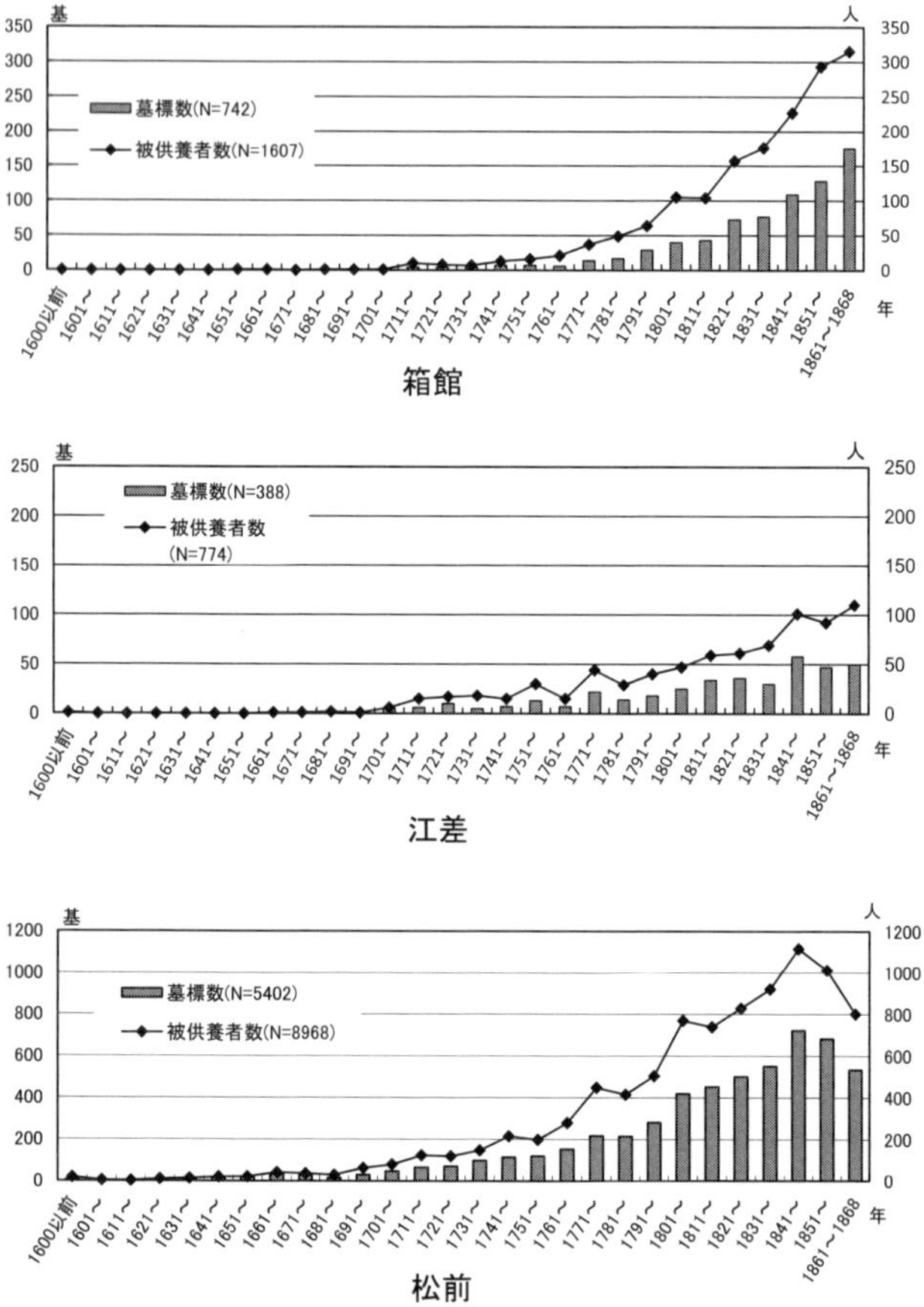


図73　松前三湊における墓石の数と被供養者数の変遷

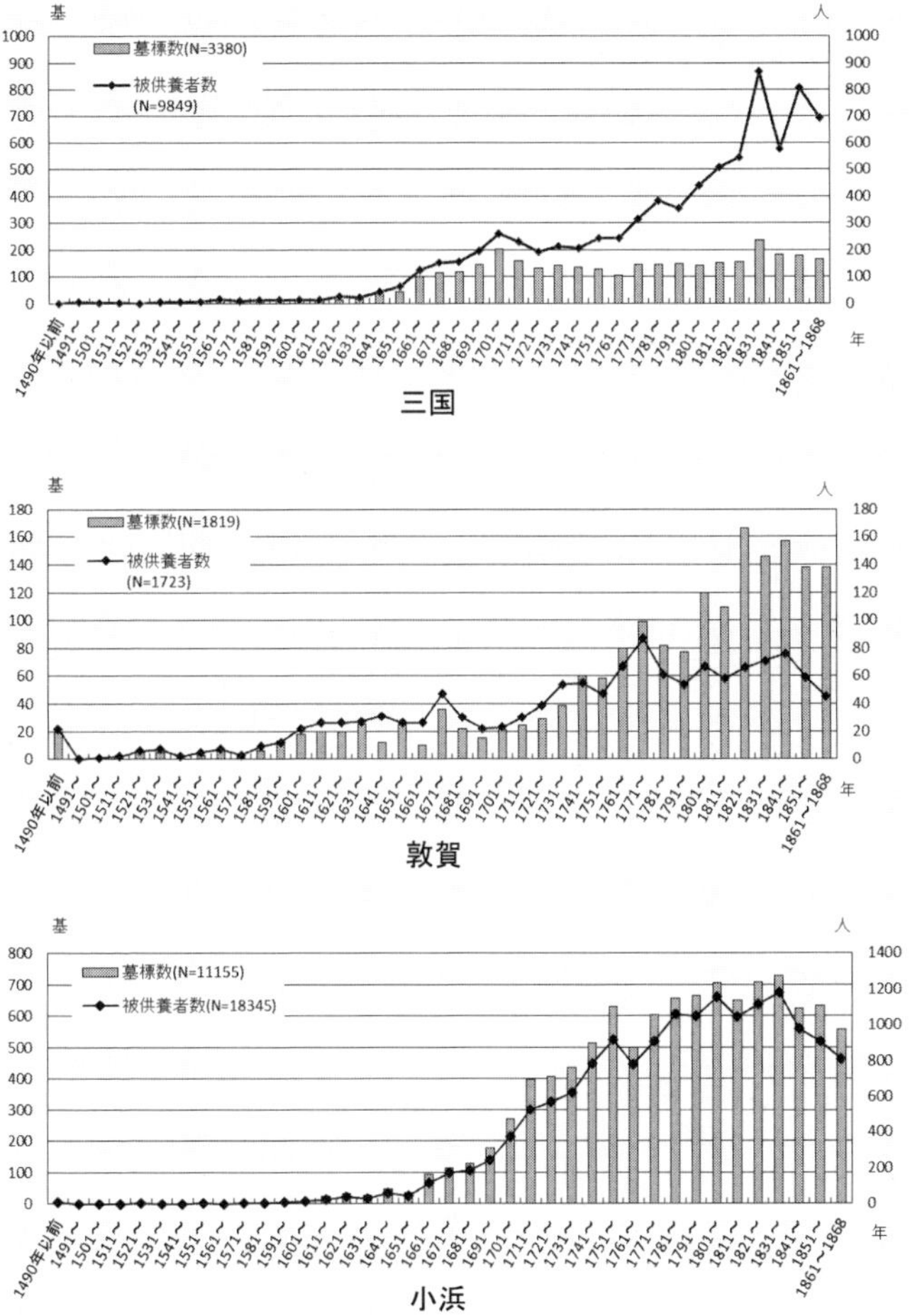


図74　越前三国・敦賀，若狭小浜における墓石の数と被供養者数の変遷

一八五〇年代以降、松前で墓石数や被供養者数が減少するのは、安政元年（一八五四）の幕府による箱館の直轄地化・箱館奉行所設置、安政六年の箱館開港に伴い、松前から箱館への急激な人口流出が起きたためと考えられる。一方、松前と異なり一八五〇年代以降も江差で墓石数や被供養者数が増えているのは、江差の人口が増えているからであろう。幕末、松前藩政を佐幕から勤皇に変更させた、慶応四年（一八六八）七月の正議士一行によるクーデターを資金面で支えたのは江差商人であった。彼らは、クーデターにより松前の福山城から江差に近い厚沢部川上流の館城へ移転することで、松前城下の商権が江差に移行することを期待していたという。箱館開港以降も、その影響を受けることなく江差の人口が増え続けることができた要因には、そうした江差商人の活動が関係していよう。

続いて福井県内の北前船《きたまえぶね》の主要な寄港地である三国・敦賀・小浜に関して、墓石数と被供養者数の変遷を比較してみよう（図74）。

三国では延徳三年（一四九一）の墓石が最も古い。墓石の数が増加し始めるのは一七世紀初頭で、その後一七〇〇年代までは増えるものの、一七一〇年代以降は幕末まで横ばいに近い。一方、被供養者数は一八世紀前半に一時的に落ち込むものの、一八三〇年代まで増え続けている。墓石の数が変わらないのに被供養者数が増えているのは、一基あたりの被供養者数が増加しているからである。一八四〇年代以降は被供養者数も減少に転じている。

敦賀では永享一〇年（一四三八）の墓石が最も古い。敦賀では、早くも一五八〇年代から墓石の増加が始まっている。その後、墓石数・被供養者数ともに一七七〇年代までは緩やかに増加するものの、一七八〇年代には減少し、一八四〇年代までそのまま停滞状態が続いた後、一八五〇年代以降、減少に転じる。

小浜では応永二〇年（一四一三）の墓石が最も古い。墓石の数が増加し始めるのは三国とほぼ同じ一七世紀初頭で、その後一七五〇年代までは墓石数も被供養数も増えている。一七六〇年代には墓石数・被供養者数とも一時的に落ち込み、その後は再び回復するものの増加率は一七五〇年代以前に比べ低い。一八四〇年代以降は、墓石数・被供養数ともに減少に転じる。

三国・敦賀・小浜を比較することにより、越前・若狭の湊町の盛衰が見えてくる。すなわち、これらはいずれも中世から続く湊町で、一五世紀代から墓石の造立が見られる。墓石の増加から見て、人口が著しく増え始めた時期は、敦賀が一六世紀後半、三国と小浜はそれよりやや遅れて一七世紀前半からと考えられる。天正期頃から急激に増加したと考えられる敦賀の人口は、一七七〇年代がピークで、その後は幕末まで減少・停滞・減少と振るわなかったと推測される。

一八世紀前半の小浜では墓石数・被供養者数とも順調に増加しているのに対して、三国と敦賀は減少・停滞傾向にある。これは寛文一二年（一六七二）の西廻り航路の確立による物流の変化が関係している可能性があろう。というのも三国・敦賀・小浜はいずれも日本海交易上の重要な寄港地ではあるが、その役割は敦賀・三国と小浜で大きく異なる。

西廻り航路の確立以前には、敦賀・三国・小浜をはじめとする越前・若狭の湊町は、越中以北から日本海を南下する船のターミナルの役割を担っていた。越前・若狭の湊町で陸揚げされた物資は、そこからは陸路や河川交通により畿内へと運ばれた。しかし西廻り航路の確立により、蝦夷地・奥羽方面から畿内へと船で運ばれる物資は、越前・若狭の湊町で陸揚げせずとも、関門海峡・瀬戸内海を経て、船に載せたまま大坂まで運ぶことが可能となった。これにより越前・若狭の湊町は日本海を南下する船のターミナルから一寄港地へと地位が低下した。

しかし、越前の敦賀・三国と異なり、小浜は、古代より若狭《わかさ》・因幡《いなば》から畿内へ運ぶ物資の陸揚げ地でもあった（中世都市研究会編『日本海交易と都市』山川出版社、二〇一六年）。

また、敦賀と三国が西廻り航路の確立により大きな打撃を受けたのに対して、小浜はむしろ日本海を西に進む船の数が増えたことで寄港する船が多くなり、湊町としてますます繁栄したと考えられる。

三国・敦賀・小浜の墓石を調べて意外だったことがある。三ヶ所とも一八四〇年代以降幕末に向い墓石数・被供養者数ともに減少していた。この時期、急に人々が墓石を建てなくなったとは考えにくいことから、これは母数である人口の減少と理解せざるを得ない。同じ現象は松前でも認められた。

一九世紀の日本海海運は、北前船と呼ばれる荷主と船主が同一の買積船によって特徴づけられる。北前船に関しては分厚い研究の蓄積があり、その捉え方には人によって差が見られるが、江戸時代よりもむしろ明治時代に入ってからよりいっそう活動が活発化したという点では意見が一致している（牧野隆信『北前船』柏書房、一九六四年。中西聡『海の富豪の資本主義』名古屋大学出版会、二〇〇九年）。しかし、北前船の寄港地として知られる松前・三国・敦賀・小浜では幕末に人口減少が起きていた可能性が高いのである。安政の開国に伴う箱館・新潟の開港は、日本海交易にも多大な影響を及ぼしたと考えられる。幕末には、北前船の寄港地のなかで開港地に選ばれた箱館と新潟だけが突出した「勝ち組」となり、他の湊町のなかにはこの二つの巨大な交易港に食われる形で衰退するところも出てきたのではなかろうか。今後、北前船の寄港地での墓石調査を積み重ねるとともに、明治時代の墓石にまで調査対象を拡大することで、近世から近代にかけ日本海交易がどのように推移したか、湊町の盛衰の観点から解き明かす必要があろう。

**北に向かった男たち**

場所によって違いはあるが、出身地を刻んだ墓石はそう多くはない。現代に比べ人の移動がそれほど容易ではなかった江戸時代に、故郷を離れ異郷の地に骨を埋めたのはどのような人たちだったのだろうか。北前船の北のターミナルであった松前を例に、死後、墓石に故郷の地名を刻んだ人々の姿に触れてみよう。

北海道松前町旧福山城下町にある墓石の悉皆調査では、男性一五八人・女性二二人の墓石に出身地が刻まれていた（図75）。墓石から出身地が分かる人は全体の約二パーセントである。

出身地別では、南部盛岡藩領の下北から津軽・秋田・庄内・越後・佐渡にかけての東北日本海沿岸が目立つが、北前船の寄港地である瀬戸内海の塩飽《しあく》諸島（塩飽本島・粟島）や直島の出身者も多い。塩飽の出身者が多いのは、塩飽が単なる北前船の一寄港地ではなく、船乗りや船大工の輩出地であったからであろう。北陸に関しても輪島（石川県輪島市）・橋

| 出身 | 人数 | | 地名 |
|---|---|---|---|
| | 男 | 女 | |
| 津軽 | 4 | 2 | 三馬屋 蟹田 平内 深浦 |
| 南部 | 10 | 5 | 易国間 大畑 川内 五戸 宮古 盛岡 |
| 秋田 | 12 | 0 | 秋田 由利亀田 塩越 仙北 角館 |
| 庄内 | 8 | 4 | 酒田 加茂 鶴岡 粟島 湯の浜 |
| 仙台 | 3 | 0 | 仙台 塩竃 |
| 会津 | 1 | 1 | |
| 伊達 | 2 | 0 | |
| 越後 | 13 | 2 | 瀬波 村上 早川 大栗田村 寺泊 新潟 |
| 佐渡 | 18 | 0 | 松ヶ崎 赤泊 沢崎 目黒町 |
| 常陸 | 3 | 0 | 水戸 大増村 |
| 下野 | 1 | 0 | |
| 下総 | 2 | 0 | 銚子 小牛橋村 |
| 武蔵 | 2 | 1 | 岩槻 八王子 |
| 江戸 | 9 | 0 | |
| 相模 | 1 | 0 | |
| 遠江 | 1 | 0 | 袋井村 |
| 甲斐 | 1 | 0 | |
| 加賀 | 7 | 0 | 橋立 吉崎 |
| 能登 | 2 | 2 | 今市 佐野 鶴岸浦 輪島 |

| 出身 | 人数 | | 地名 |
|---|---|---|---|
| | 男 | 女 | |
| 尾張 | 1 | 0 | |
| 飛騨 | 1 | 0 | 益田 |
| 伊勢 | 2 | 0 | |
| 伊賀 | 1 | 0 | 上野 |
| 越前 | 5 | 3 | 敦賀 河野浦 今泉浦 |
| 若狭 | 2 | 1 | 小浜 日向浦 |
| 近江 | 4 | 0 | 彦根 八日市 |
| 山城 | 2 | 0 | 京都 伏見 |
| 摂津 | 5 | 0 | 大坂 兵庫 |
| 紀伊 | 1 | 0 | 栖原 |
| 播磨 | 4 | 0 | |
| 石見 | 1 | 0 | 渡津村 |
| 周防 | 4 | 0 | 遠崎村 |
| 伊予 | 1 | 0 | |
| 讃岐 | 15 | 0 | 粟島 塩飽 積浦 泊浦 |
| 筑前 | 4 | 0 | 芦屋浦 |
| 肥前 | 4 | 0 | 長崎 |
| 不明 | 1 | 1 | |
| 合計 | 158 | 22 | |

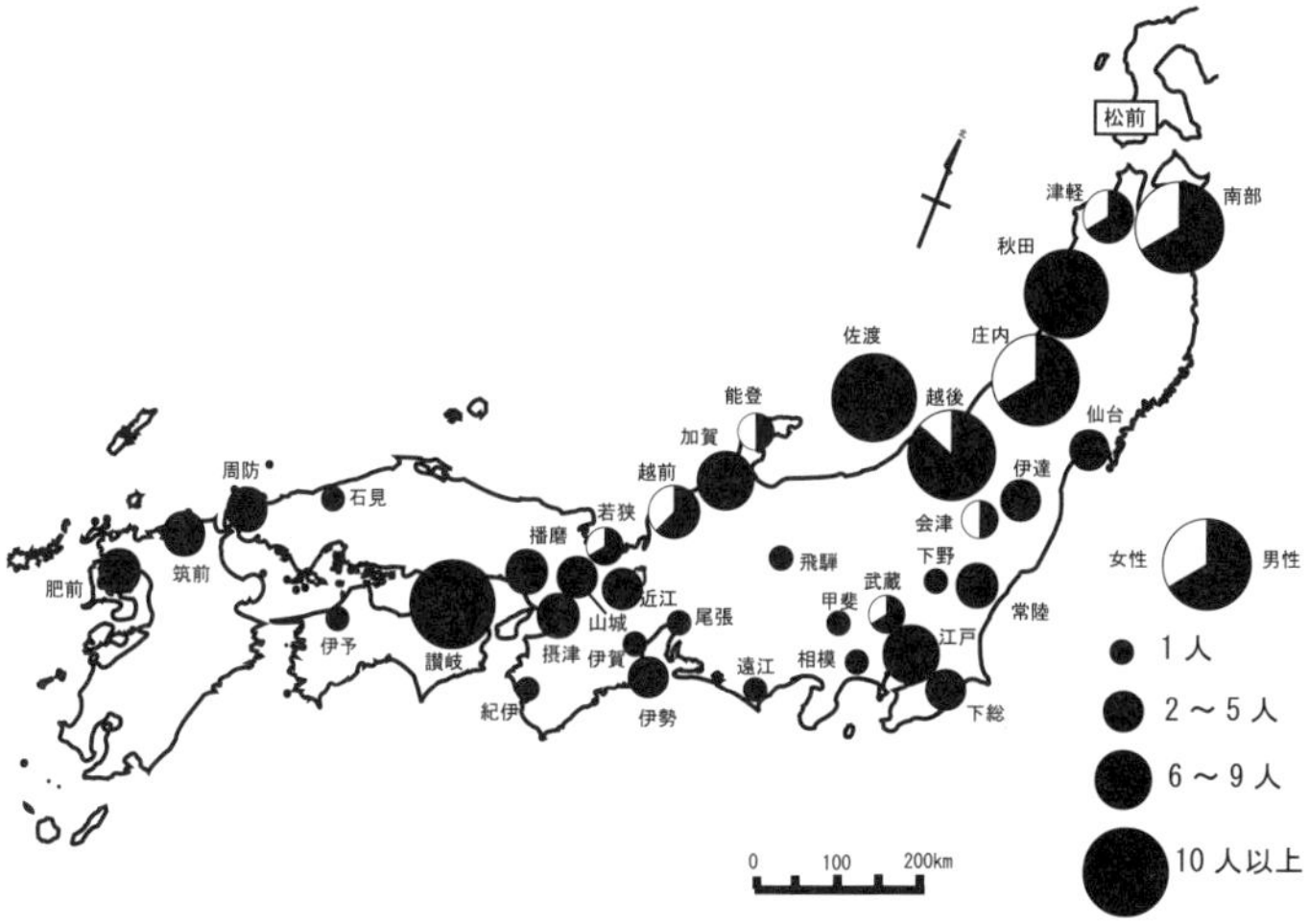


図75　北海道松前町の墓石に刻まれた出身地

立（石川県加賀市）・吉崎（福井県あわら市）・河野浦（福井県南越前町）・今泉浦（同）・敦賀・小浜など北前船の寄港地が中心である。さらに西廻り航路のルート上では、石見《いわみ》銀山御領渡津村（島根県江津市）・周防《すおう》遠崎村（山口県柳井市）・兵庫・大坂の出身者が確認できた。九州では筑前芦屋浦や肥前長崎の出身者も確認できた。響灘《ひびきなだ》へ注ぐ遠賀川河口に位置する筑前芦屋（福岡県芦屋町）は交通の要所であり、福岡藩の軍港として、伊万里焼を扱う商人の町として知られていた。芦屋商人は、生蠟《きろう》や繰り綿など遠賀川筋の特産品を肥前伊万里に運び、そこで仕入れた伊万里焼を瀬戸内沿岸・上方・日本海沿岸各地に売りさばいていた。おそらく松前で死亡したのも、松前から多量に出土する伊万里焼や骨壺にも使われている高取焼の甕《かめ》など陶磁器を扱っていた商人であろう。

日本海や瀬戸内沿岸に比べ太平洋側の出身者は少ないが、北は南部盛岡藩領から西は紀伊栖原（和歌山県湯浅町）まで、広範囲に及んでいる。太平洋側で最も多いのは江戸出身者である。

## 墓石に使われた石

現代日本で売られている墓石は、国産よりも中国産のほうが多い。中国産に次いで多いのがインド産で、他にも南アフリカ・アメリカ・フランス・ポルトガル・ノルウェー・スウェーデン・フィンランドなどから輸入された石材が墓石に使われている。安価な中国産の墓石を国産の高級墓石として売りつける「産地偽装」事件も起きているという。

現在、墓石として使われる国産の主要な石材は、花崗岩《かこうがん》・閃緑岩《せんりょくがん》・斑《はん》レイ岩・安山岩《あんざんがん》の四種類にほぼ限られる。しかしそれらは産地や成分によって細分され、「〇〇石」の名前が付けられた石材は一〇〇種を超す。全国の銘石の産地と採掘・加工・卸業者を網羅した本まである（株式会社インデックス編『日本の銘石産地ガイド』二〇〇八年）。なかでも特に人気なのが、神奈川県真鶴町から産出する本小松石と、香川県高松市の東側の霊峰八栗五剣山から採れる庵治石《あじいし》である。東の横綱に喩えられる本小松石は輝石安山岩で、きめの細かさと淡灰緑色の落ち着いた風合いが好まれる。西の横綱に喩えられる庵治石は、石英・長石・雲母などの鉱物が小さくきめ細やかな花崗岩で、世界で最も高価な石材とされる。瀬戸内には他にも愛媛県大島産の大島石《おおしまいし》、岡山県笠岡市北木島産の北木石《きたぎいし》、香川県塩飽諸島広島産の青木石《あおきいし》など古くから利用されてきた花崗岩が多い。

江戸時代、江戸を中心に関東一円で墓石に最も多く使われたのが伊豆石《いずいし》である。伊豆石は、伊豆半島北部の湯ヶ島層群に含まれる安山岩・玄武岩《げんぶがん》系の石で、江戸城の石垣をはじめ江戸の街の建築資材にも多用されている（江戸遺跡研究会編『江戸築城と伊豆石』吉川弘文館、二〇一五年）。伊豆石は江戸の石問屋から必要に応じて石丁場所有者に発注され、船で石問屋のある江戸霊岸島の集積地へと運ばれた。伊豆石はそこから内陸水系を利用して、関東地方各地へと供給された。

ここでは、北海道松前町旧福山城下町、福井県坂井市三国町・敦賀市・小浜市の墓石に基づき、江戸時代の墓石に使われた石材の流通を見てみよう（図76）。

松前では、一七世紀半ばまでは福井市足羽山《あすわやま》から産出する笏谷石《しやくだにいし》と地元産の火山礫《かざんれきぎよう》凝灰岩《かいがん》が主流である。笏谷石は緑色凝灰岩の一種で、細かな細工に適するうえ、水に濡れると美しい灰青緑色を呈することから墓石をはじめとする石造物や建築資材として若狭以北の日本海沿岸を中心に広く流通していた（三井紀生『越前笏谷石』『同続編』『同第三編』福井新聞社、二〇〇二・〇六・〇九年）。一方、同じ緑色凝灰岩でも地元で採れる火山礫凝灰岩は、福山城の石垣などにも使われており、笏谷石に比べ基質のきめが粗く、吸水性に富むため風化に弱い。遠隔地から輸入された質の良い笏谷石に比べ、地元産の火山礫凝灰岩は安価であったと考えられる。西廻り航路が確立する一六七〇年代以降、瀬戸内産の花崗岩が搬入されるようになり、一七世紀末から一八世紀前半にかけ、笏谷石は瀬戸内産の花崗岩に押される形で急激に減少する。一八世紀には津軽海峡周辺から産出する真珠岩《しんじゆがん》を使

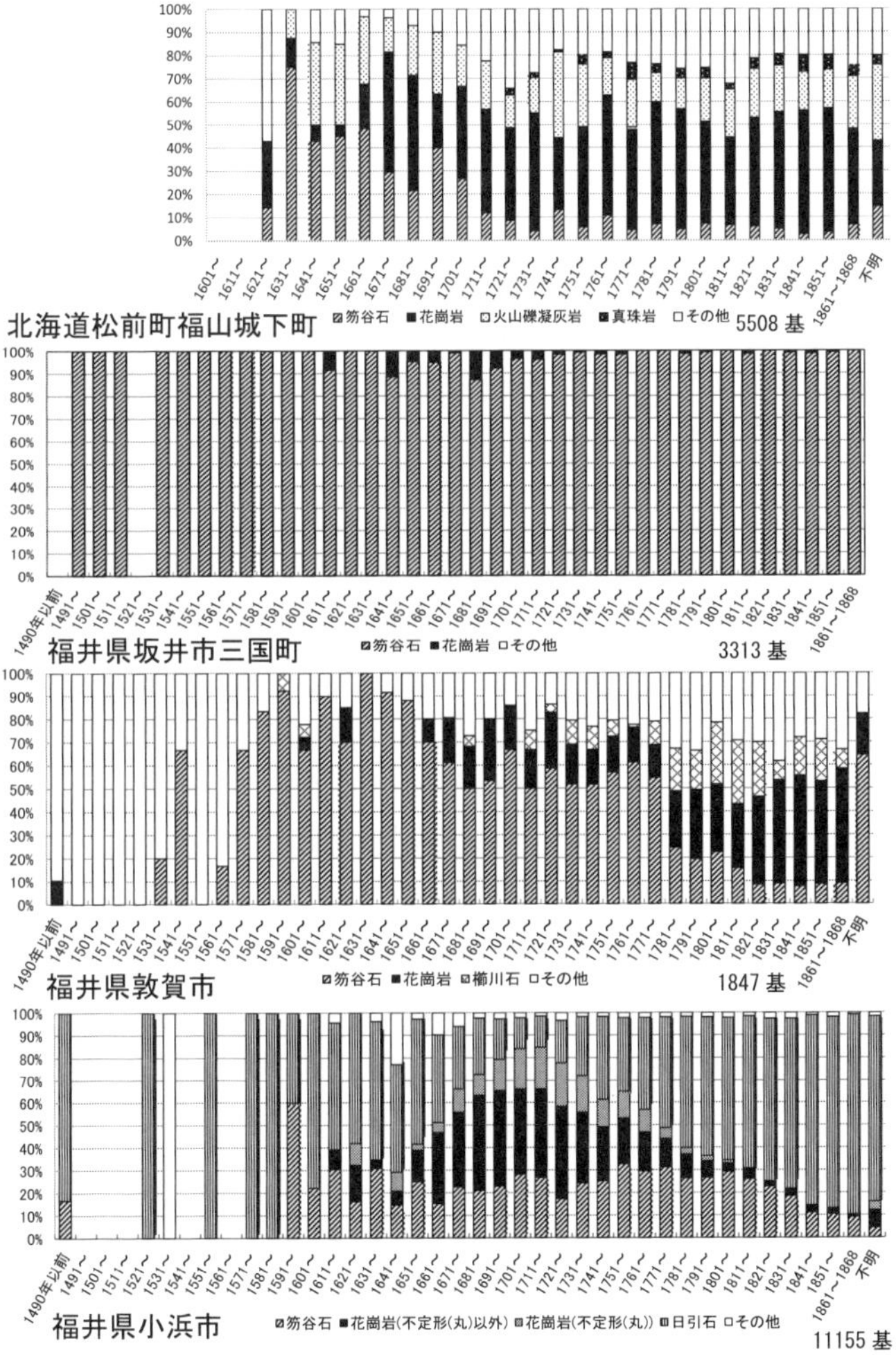


図76　墓石に使われた石材の変遷

った墓石が現れる。一八世紀後半以降、松前では高価な墓石は花崗岩、安価な墓石は地元産の火山礫凝灰岩・真珠岩といった図式が出来上がったと考えられる。

九頭竜川河口に位置する三国は笏谷石の積み出し港でもあり、笏谷石製の墓石は一五世紀から確認できる。三国では江戸時代の墓石の約九八パーセントが笏谷石で占められている。

敦賀では一五世紀後半から一六世紀の墓石は敦賀湾東岸から産出する阿曽石《あそいし》と呼ばれる花崗閃緑岩が主流である。一五三〇年代には笏谷石製の墓石が現れ、一六世紀後半には阿曽石製の墓石と併存する。一七世紀には笏谷石が主流だが、西廻り航路が確立する一六七〇年代頃からは瀬戸内産花崗岩製の墓石も見られるようになる。さらに一七一〇年代には、敦賀の市街地の西方を流れる井ノ口川の河口部付近で採れる櫛川石《くしかわいし》と呼ばれる単斜輝石・角閃石安山岩製の墓石が現れ、一八世紀末以降増加する。

小浜では一五八〇年代以前の墓石には、若狭湾に面する福井県高浜町日引から産出する日引石《ひびきいし》と呼ばれる安山岩質凝灰岩が使われている。日引石製の小型の宝篋印塔《ほうきょういんとう》や五輪塔《ごりんとう》は、一四世紀後半から一五世紀前半にかけ、北は青森県の十三湊《とさみなと》遺跡から南は長崎県対馬・五島・平戸、鹿児島県坊津にまで流通したとされる（大石一久「日引石塔に関する一考察」『日引』一号、石造物研究会、二〇〇一年)。小浜で笏谷石製の墓石が見られるようになるのは一六世紀後半からで、一七・一八世紀には墓石全体の二割前後を占めている。花崗岩製の墓石には地元産で不定形(丸形)のものと成形された瀬戸内産のものがある。どちらも一七世紀前半から見られ、一八世紀前半にピークに達した後、減少する地元産の花崗岩を用いた不定形の墓石は一八世紀末にはほぼ姿を消すのに対して、瀬戸内産の花崗岩を使った墓石は減少しつつも一九世紀に続く。日引石製の墓石は花崗岩や笏谷石に押され、一八世紀初頭には一時的に全体の二割程度まで落ち込むが、その後次第に巻き返し、幕末には全体の約九割を占めるようになる。

以上のように、日本海側に位置する松前・三国・敦賀・小浜の墓石は、いずれも基本的には地元産の石材・福井産の笏谷石・瀬戸内産の花崗岩の三者が中心である。日本海海運により笏谷石の移出が本格化するのは一六世紀後半であり、それ以前には小浜・敦賀とも地元産の石材が墓石に使われていた。一七世紀前半には松前や津軽など北日本にも笏谷石製の墓石が大量に搬入されるようになった。西廻り航路が確立する一六七〇年代以降、日本海側にも瀬戸内産の花崗岩がもたらされるようになり、東北・北陸では一八世紀には高級墓石用石材としての地位を確立する。松前や敦賀では一八世紀に新たに地元産の石材にによる墓石が現れ、小浜では近隣で採れる日引石製の墓石の比率が回復することから、墓石の需要の増大を受けて地元で墓石生産が本格化したと考えられる。一九世紀にはさらに地元産の石材を用いた墓石の比率は上昇する傾向にある。

江戸後期に墓石の石材が在地化する現象は、関東地方でも見られる（秋池武『近世の墓と石材流通』高志書院、二〇一〇年）。関東では一八世紀半ばまでは伊豆石が墓石の半数以上を占めているが、一八世紀後半以降、七沢石（神奈川県内の丹沢層上部に含まれる火山礫凝灰岩）や利根川水系の安山岩をはじめとする関東各地の在地の石材に押され、次第に流通量が減少した。墓石は、大局的には、地産地消（一五・一六世紀）→広域流通（一七世紀〜一八世紀前半）→地産地消（一八世紀後半〜一九世紀）の道を歩んできたと考えられよう。

墓石に限らずモノの広域流通には、原材料・未成品（部品）・製品の三パターンがある。墓石には石工に成形から仕上げまでを一括して依頼する「誂《あつら》え品」と「既製品」を利用する場合とがある。遠隔地の石材で墓石を建てる場合、産地に近い場所に店を構える石工に戒名や没年月日など墓石に刻む「故人情報」を伝え、完成品を送ってもらう場合と、地元の石工に頼んで「既製品」に「故人情報」を刻んでもらう場合とがあった。墓石の広域流通が最も盛んであった一七世紀には、地方にはまだ高い石材加工技術を持った石工がいなかったため、遠隔地の石材で墓石を建てる場合には、「誂え品」が中心であったと見られる。墓石の需要の増加を受けて、地方でも銘文を刻むことのできる石工が育った一八世紀以降は価格の安い「既製品」が多くなり、墓石の普及を促進させたのであろう。さらに一八世紀後半以降は地元産の石材を使って成形から銘文の彫刻まで地元の石屋が手掛ける墓石の「地産地消」が進み、さらなる墓石の普及につながったと考えられる。

## 墓石の流行に見る情報伝達

すでに述べたように、江戸時代の墓石にも流行《はや》り廃《すた》りや地域色がある。ここでは、日本海沿岸に広く分布する一石位牌形の墓石を例に、墓石そのものの流通と情報の伝播の実態を見てみよう。

一石位牌形と名付けた墓石には、頭部が直線的な切妻屋根《きりづまやね》の山型と、屋根の両端が反る唐破風《からはふ》型がある。唐破風型は、棟の先端につく鬼板の形状により五角形・四角形・丸形に細分される。笏谷石で作られた唐破風型の墓石は、越前を中心に北は北海道の松前まで日本海沿岸に広く分布する（三井二〇〇六年前掲書）。

一石位牌形の墓石が最も数多く建てられたのは、笏谷石の積み出し港であった福井県坂井市三国周辺である。三国では、山型が一六三〇年代に最初に現れ、それよりやや遅れて一六五〇年代に五角形・四角形・丸形がほぼ同時に登場する（図77）。山型は一六三〇・

四〇年代にピークがあり、五角形・四角形・丸形が登場する頃には減少し始め、一六六〇年代には丸形に首位を取って代わられる。三国では丸形は真言宗瀧谷寺にある承応元年（一六五二）のものが最も古い。丸形の造立のピークが一七〇〇年代にあるのに対して、五角形は一六八〇年代にピークを迎え、その直後から減少し始める。一石位牌形の墓石は、各類型とも基本的には一七七〇年代にはほぼ姿を消すが、丸形だけは一九世紀代まで細々と残る。

唐破風型の一石位牌形の墓石は、三国から船で各地に移出された。この墓石が各地で受容された様子を、三国・松前・敦賀・小浜を比べながら見てみよう（図78）。松前の一石位牌形の墓石では、曹洞宗法幢寺の河野系松前家墓所にある慶安三年（一六五〇）銘のものが最も古い。松前では本場の三国と同じように一七〇〇年代にピークがあり、衰退・消滅も三国と軌を一にする。小浜で確認した最古の位牌形墓石は、臨済宗高成寺にある寛永一九年（一六四二）銘のもので、頭部は山型である。唐破風屋根の一石位牌形が登場するのは一六六〇年代である。敦賀では日蓮宗妙顕寺にある寛文八年（一六六八）銘のものが最も古い。敦賀では本場の三国と異なり、一石位牌形のピークは一六七〇年代にあり、その後すぐに減ってしまう。三国から位牌形の墓石が入ってきた直後に一時的に流行ったが、すぐに廃れてしまったようだ。

笏谷石の本場で一六三〇年代に現れた位牌形の墓石からは、唐破風型の「大ヒット商品」が誕生した。このタイプの墓石は、北は北海道松前から西は島根県隠岐の島まで、日本海沿岸の各地に向け三国湊から船で移出された。なかでも三国から遠く離れた松前や本州北端の下北半島は笏谷石製位牌形墓石の大消費地であった。松前には、敦賀や小浜よりも早く唐破風型の笏谷石製墓石が搬入されている。その一方で、松前には他に地元で採れる火山礫凝灰岩製の一石位牌形の墓石が存在する点も見逃せない。それらは松前の石工が本場の笏谷石製のものを真似て作ったと考えられる。同じように、秋田周辺では、男鹿半島東部の寒風山で採れる男鹿石《おがいし》と呼ばれる輝石安山岩で作られた一石位牌形の墓石が存在する（図79）。これも男鹿周辺の石工が、笏谷石製のものを真似て作ったと見て良いだろう。はたしてそれら「フェイク」が笏谷石製の本物よりどの程度安かったのか知りたいところである。

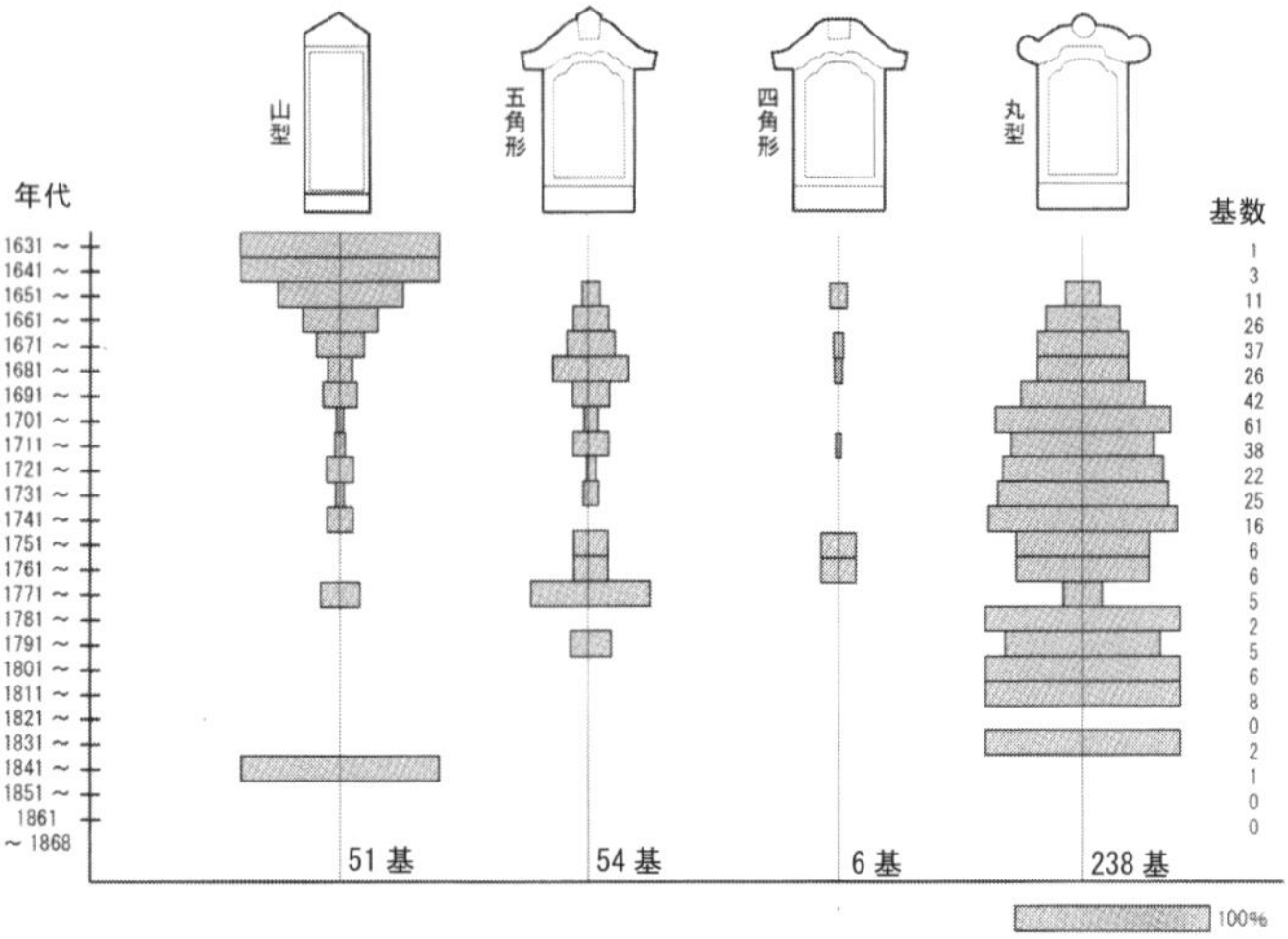


図77　一石位牌形の墓石の変化（福井県坂井市三国町）

青森県むつ市円通寺　　秋田県男鹿市角間崎

図79　笏谷石製の一石位牌形の墓石（左）とそれを真似た男鹿石製の墓石（筆者撮影）

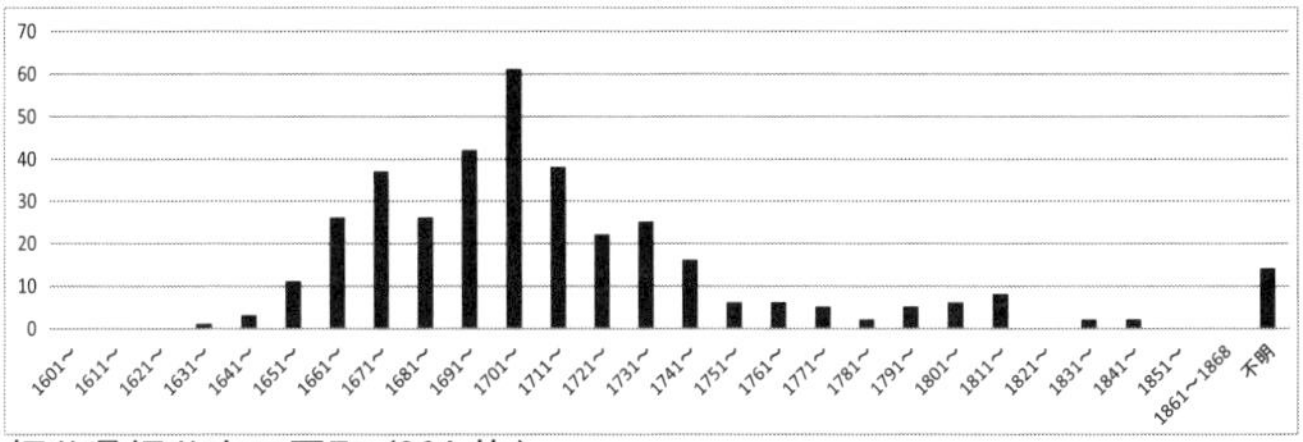


福井県坂井市三国町（364 基）

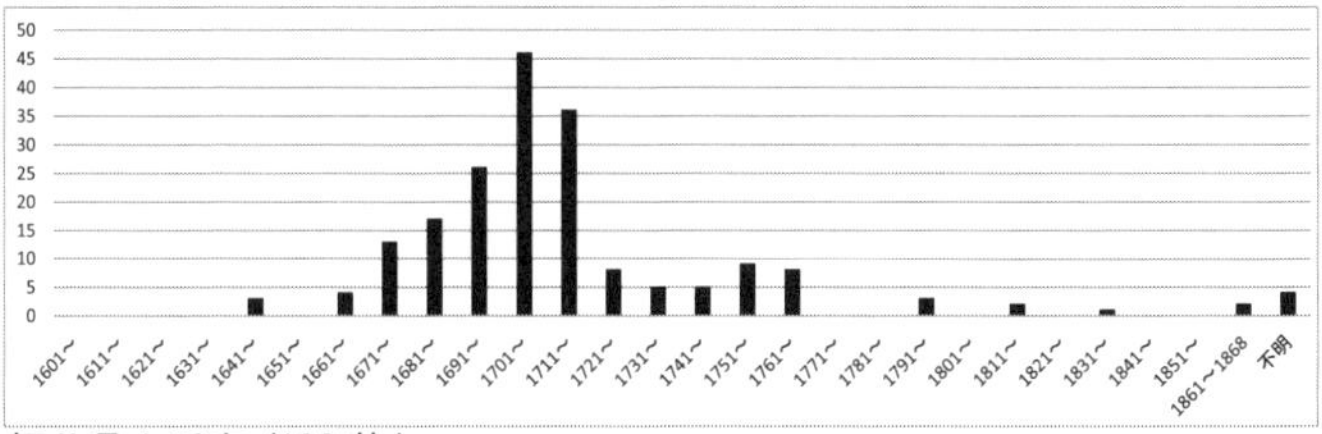


福井県小浜市（192 基）

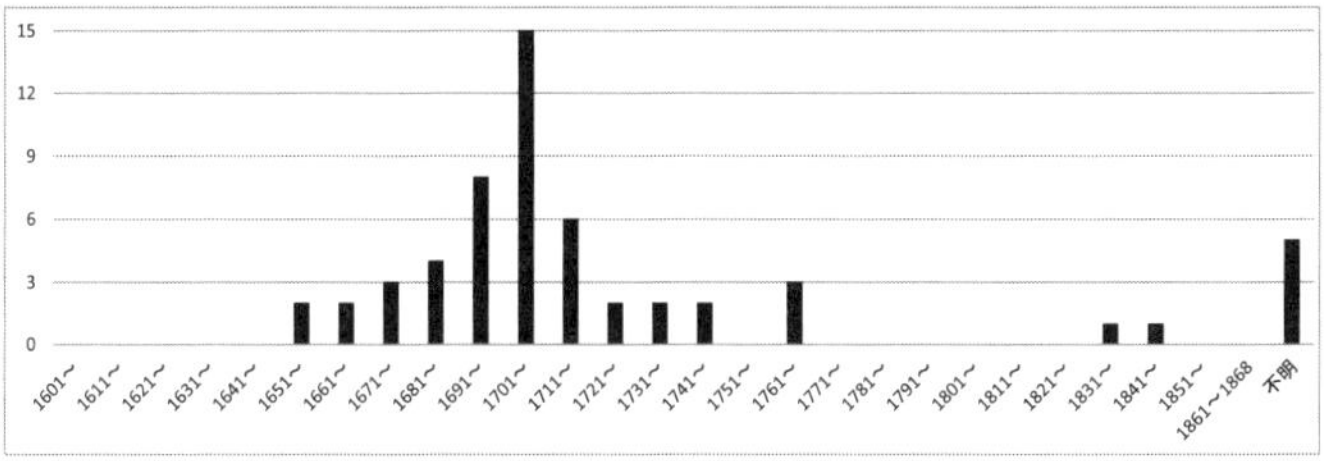


北海道松前町旧福山城下町（56 基）

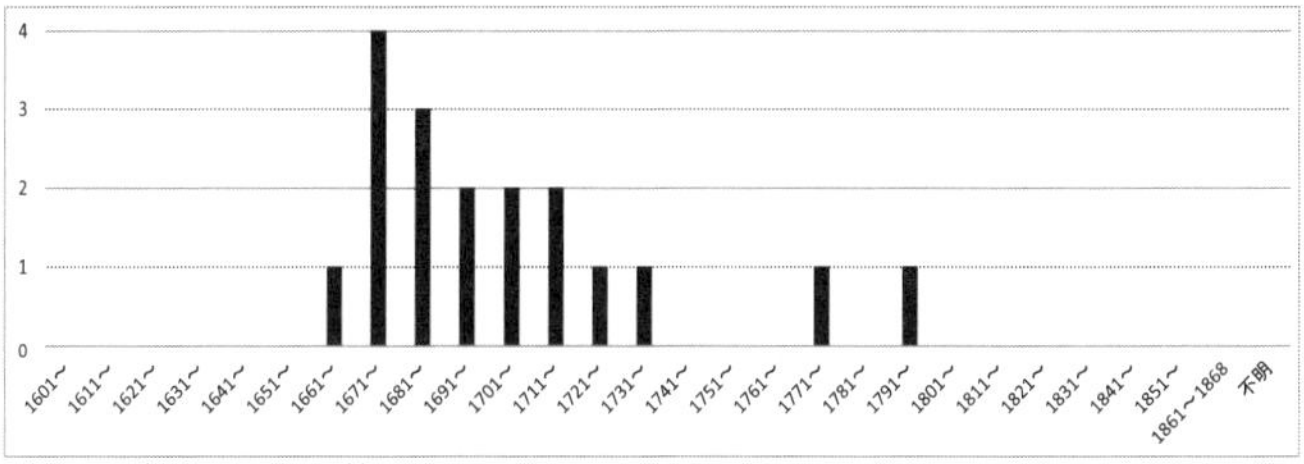


福井県敦賀市（18 基）

図78　一石位牌形の墓石の造立数の変遷

# 蝦夷地の墓石

## アイヌのクワ（杖）と和人の墓石

江戸時代、北海道は、道南の松前や箱館を中心とする「和人地」と、松前藩や幕府の直接的な支配が及ばない「蝦夷地《えぞち》」に分かれていた。本州に比べ江戸時代の古文書が格段に少ない北海道、そのなかでもさらに古文書の乏しい蝦夷地では江戸時代に建てられた墓石の資料的価値は高い。

アイヌの人々の伝統的な墓標は、マメ科の落葉樹のエンジュかモクセイ科のライラックで作られ、明治時代になるまで墓石が使われることはなかった。アイヌの人々の墓標はクワ（杖）と呼ばれる。死者は墓標の上端を手で握りしめ、それを杖にして神の国へと導かれていくと信じられており、男性用は槍、女性用は針の形をしていた（萱野茂『アイヌの民具』すずさわ書店、一九七八年）。同じ墓標でも、和人の墓石とは素材や形だけでなく、建てる目的からして大きく異なる。

蝦夷地に初めて寺院が建てられたのは、ロシアの南下政策に対抗すべく幕府が蝦夷地を直轄地化した直後であった。文化元年（一八〇四）、幕府により蝦夷地に赴く役人や出稼ぎの和人を対象とした供養とキリスト教の排除を目的として、東蝦夷地のウス（伊達市有珠町）・シャマニ（様似町）・アッケシ（厚岸町）の三ヶ所に寺の建立が決定され、有珠の浄土宗大臼山道場院善光寺、様似の天台宗帰嚮山厚沢寺等澍院、厚岸の臨済宗南禅寺派景雲山国泰寺の三寺、いわゆる「蝦夷三官寺」が開かれたのである。有珠善光寺は噴火湾沿岸のヤマコシナイ（八雲町山越）からシラオイ（白老町）まで、等澍院はユウフツ（苫小牧市勇払）からホロイズミ（えりも町）まで、国泰寺はトカチ（十勝）・クスリ（釧路）・アッケシ（厚岸）・ネモロ（根室）・クナシリ（国後島）・エトロフ（択捉島）までを布教範囲としていた。

さらに安政三年（一八五六）には、有珠善光寺の住職性誉仙海と宗谷場所請負人藤野家の宗谷支配人条屋八右衛門らによってソウヤ（稚内市宗谷）に泰平山松寿院護国寺が開山され、幕府直轄の寺院として、リイシリ（利尻島）・レブン（礼文島）・マシケ（増毛）からアバシリ（網走）まで広範囲にわたり、死者供養のため寺僧による巡回が行われた。

蝦夷三官寺建立の背景として、佐々木馨氏は幕府がアイヌ民族に対して、日本人の仏教や日本人の世界観を強要するように、アイヌ民族の心の中に踏み込もうとしたと指摘し、「仏教による積極的なアイヌ教化」を挙げている（『北方伝説の誕生』吉川弘文館、二〇〇七年）。しかしアイヌの人々の宗教観と仏教は相容れ難く、仏式の葬儀も浸透しなかった。アイヌの人々が墓石を建てることはなかったのである。

## 誰の墓石がどこにあるのか

蝦夷地にある江戸時代の墓石は全て和人のもので、彼らが進出した沿岸部に限定され、内陸部からは見つかっていない。墓石には年号や人名などが刻まれているため、墓石を調べることで蝦夷地への和人の進出が見えてくる（関根達人「近世石造物からみた蝦夷地の内国化」『日本考古学』三六、日本考古学協会、二〇一三年）。

江戸時代の墓石は、日本海ならびに知床半島以北のオホーツク海沿岸の西蝦夷地で二二ヶ所六八基、太平洋ならびに知床半島以南のオホーツク海沿岸の東蝦夷地で二〇ヶ所九四基確認した（図80）。それらの墓石で供養された江戸時代の死者数は、西蝦夷地が合計八二名、東蝦夷地が合計一一六名である。

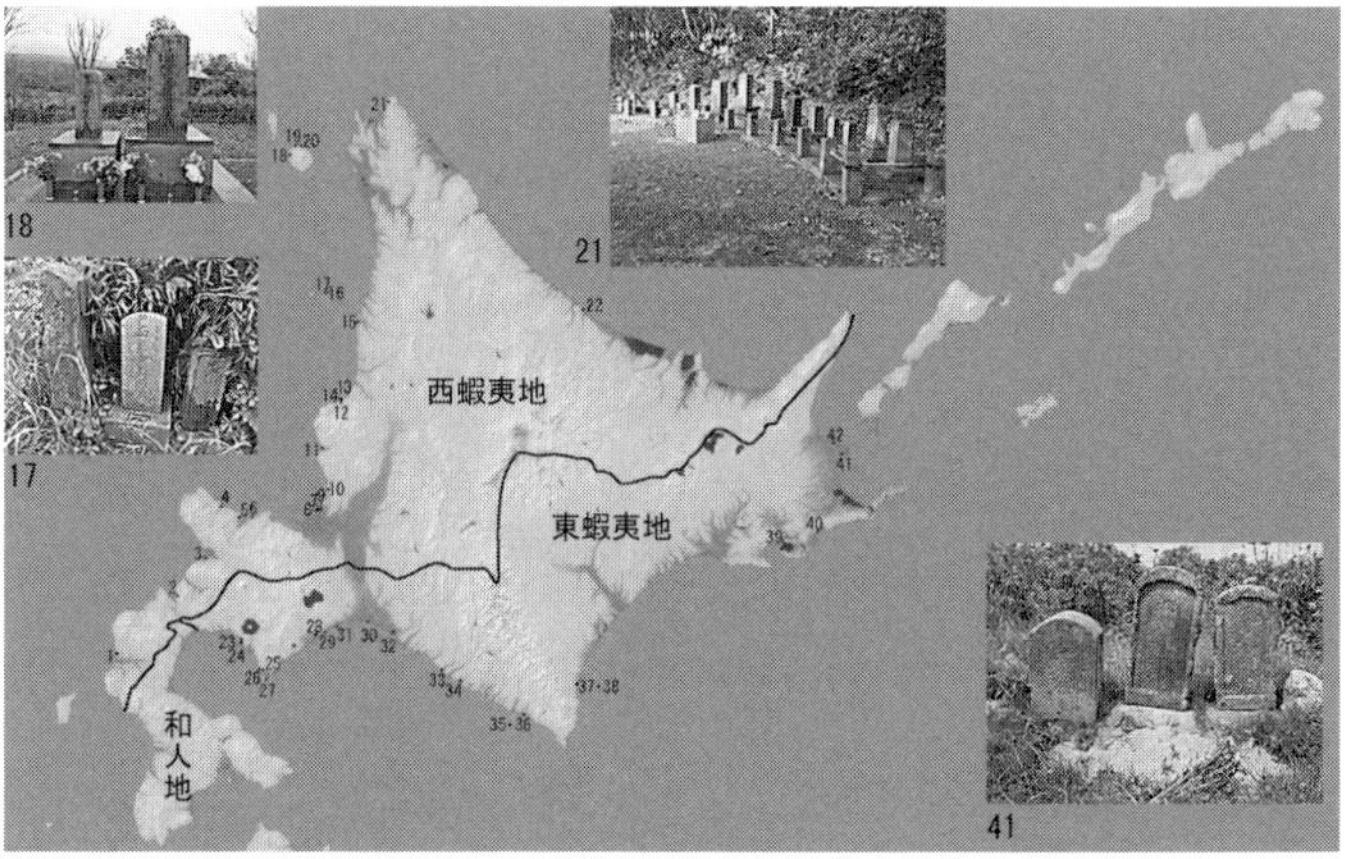


西蝦夷地

| 地図番号 | 所在地 |
|---|---|
| 1 | せたな町瀬棚区三本杉 曹洞宗瀬棚山延命寺 |
| 2 | 寿都町歌棄町 浄土宗教立寺 |
| 3 | 岩内町東山共同墓地 |
| 4 | 古平町浜町 曹洞宗法興山禅源寺 |
| 5 | 余市町梅川町 浄土真宗法雲山乗念寺 |
| 6 | 小樽市忍路 浄土宗西忍山戒珠院大忠寺 |
| 7 | 石狩市新町 日蓮宗宝珠山金龍寺 |
| 8 | 石狩市横町共同墓地 |
| 9 | 石狩市八幡町共同墓地 |
| 10 | 石狩市厚田区古潭共同墓地 |
| 11 | 石狩市浜益区 川下地蔵堂 |
| 12 | 増毛町暑寒沢樹園内 |
| 13 | 増毛町 増毛小学校向 |
| 14 | 増毛町畠中町 浄土真宗法流山潤澄寺 |
| 15 | 苫前町古丹別川河口 |
| 16 | 羽幌町焼尻役場支所向 |
| 17 | 羽幌町焼尻顯海寺西側墓地 |
| 18 | 利尻町沓形種富町 |
| 19 | 利尻富士町鷺泊字本泊 慈教寺 |
| 20 | 利尻富士町鷺泊字港町 |
| 21 | 稚内市宗谷 護国寺跡 |
| 22 | 紋別市南ヶ丘町 曹洞宗紋別山報恩寺 |

東蝦夷地

| 地図番号 | 所在地 |
|---|---|
| 23 | 洞爺湖町入江 |
| 24 | 伊達市有珠町　浄土宗大臼山道場院善光寺 |
| 25 | 室蘭市 盛岡藩モロラン陣屋跡 |
| 26 | 室蘭市崎守町　浄土宗泊然山仙海寺 |
| 27 | 室蘭市沢町　浄土宗満冏寺 |
| 28 | 白老町　仙台藩元陣屋跡藩士墓地 |
| 29 | 白老町社台小学校横 |
| 30 | 苫小牧市勇払開拓史跡公園 |
| 31 | 苫小牧市錦岡　覚生川口 |
| 32 | むかわ町花園　曹洞宗中道山永安寺 |
| 33 | 新冠町高江会所跡 |
| 34 | 新ひだか町東静内墓地（原位置は捫別川橋右岸下流50m） |
| 35 | 様似町本町　天台宗帰嚮山厚沢寺等澍院 |
| 36 | 様似町本町　浄土真宗大谷派竜力山智教寺 |
| 37 | 広尾町西1丁目　浄土真宗大谷派広縁寺 |
| 38 | 広尾町西2条　曹洞宗禅林寺 |
| 39 | 厚岸町湾月町　臨済宗景運山国泰寺 |
| 40 | 浜中町榊町　臨済宗日東山曹渓寺 |
| 41 | 別海町　野付通行屋跡 |
| 42 | 標津町茶志骨　会津藩士墓 |

図80　蝦夷地における江戸時代の墓石の所在地

西蝦夷地では、小樽市忍路の大忠寺にある宝暦五年（一七五五）の松前出身者の墓石が最も古い。東蝦夷地では、伊達市有珠善光寺にある宝暦四年の墓石が最も古い。被供養者は、幕府関係者・東北諸藩北方警備関係者・僧侶・民間人である。

【幕府関係者の墓石】　小樽市の金龍寺には、箱館奉行石狩役所役人の天野伝左衛門正庸と幕府鉄砲方田付四郎兵衛組同心で長崎海軍伝習所第一期生の村田小一郎高令の墓石がある。増毛町潤澄寺には、箱館奉行所の見聞役人池田宗達の墓石がある。稚内市宗谷護国寺跡には、松前奉行所調役下役（樺太詰）の洞金助光忠、箱館奉行所同心大塚良輔源知の子息女、箱館奉行所支配調役並梨本弥五郎の妻、御普請役で天明五年（一七八五）に老中田沼意次の命による蝦夷地探検隊に参加し、樺太に渡ったのち宗谷での越冬中に病死した庵原弥六の墓石がある。伊達市有珠善光寺には、文化元年（一八〇四）、箱館奉行戸川安諭により虻田・有珠に開設された牧場の牧士である村田家と田畑家の墓石がある。伊達市有珠善光寺・苫小牧市勇払開拓史跡公園・むかわ町永安寺の三ヶ所には、勇払詰の八王子千人同心関係者の墓石がある。新冠町高江の会所跡には、会所関係者の墓石がある。厚岸町国泰寺には、アイヌを雇って厚岸―仙鳳趾間を開削した丹羽金助源長行の墓石がある。

【東北諸藩北方警備関係者の墓石】　石狩市浜益区川下地蔵堂には、鶴岡藩ハママシケ陣屋関係者の墓石がある。苫前町古丹別川河口付近には、鶴岡藩トママエ陣屋大将石川小兵衛広居の墓石がある。増毛町内には、潤澄寺のマシケ元陣屋大将小瀬源四郎の墓石をはじめ秋田久保田藩関係者の墓石がある。秋田久保田藩関係者の墓石は、士分は整形された丘状頭角柱形、役夫・下男は自然石と格差が見られる。利尻島には、文化五年（一八〇八）、樺太出兵の帰路、嵐で船が難破した際に死亡した会津藩関係者の墓石が八基ある。宗谷護国寺跡には秋田久保田藩や会津藩関係者の墓石がある。紋別市報恩寺には、会津藩モンベツ出張陣屋関係者の墓石が三基ある。室蘭市盛岡藩モロラン陣屋跡と仙海寺には、盛岡藩関係者の墓石が合わせて七基ある。白老町仙台藩元陣屋跡・白老小学校付近・様似町智教寺・広尾町禅林寺には、仙台藩関係者の墓石がある。また、厚岸町国泰寺にも仙台藩アッケシ出張陣屋関係者の墓石がある。標津町茶志骨には会津藩シベツ陣屋関係者の墓石がある。

【僧侶の墓石】　僧侶の墓石は、東蝦夷地に設けられた蝦夷三官寺の伊達市有珠善光寺・様似町等澍院・厚岸町国泰寺に限られる。

【民間人の墓石】　松前・箱館・江差などの和人地と違って、蝦夷地では一つの場所に墓石が継続的に建てられることはなかった。墓石を建てることのできる経済力を持った和人が蝦夷地に移り住み、一ヶ所に定着するようなことは稀《まれ》であったためと考えられる。安政年間（一八五四〜六〇）のセタナイの場所請負人で、明治初めにはセタナイで運上屋を経営していた古畑家だけが唯一の例外である。せたな町延命寺にある古畑家の墓所には江戸時代の墓石が七基ある。それらの墓石には、宝暦八年（一七五八）から弘化二年（一八四五）までに亡くなった一〇名の被供養者が刻まれている。通常、場所請負人は本拠とした松前や箱館に墓所を持つのに対して、松前の古畑屋伝十郎は請負ったセタナイ場所に本拠を移し、そこに墓所を構えたのである。また、石狩市古潭にある阿部屋武兵衛の墓石は、イシカリ場所請負人の阿部屋村上家関係者の可能性がある。

民間人のなかで出身地が記されている例としては、岩内町東山共同墓地にある「加州宮腰」（石川県金沢市金石町）出身者の墓石、羽幌町焼尻島願海寺西側共同墓地にある「出羽国塩越」（秋田県にかほ市象潟町）出身者の墓石、新ひだか町東静内共同墓地にある津軽と松前出身者の二人の墓石、様似町智教寺にある「江州長浜」（滋賀県長浜市）出身者の墓石、別海町野付通行屋跡にある「南部大畑横町」（青森県むつ市大畑町）出身者の墓石がある。

## 蝦夷地の墓誌

蝦夷地の墓石のなかにも、故人の名前・経歴・死亡年月日・死因・享年などの情報を漢文で記した墓誌が一〇例確認できた。内訳は幕府関係者四例、東北諸藩北方警備関係者四例（秋田久保田藩三例・鶴岡藩一例）、僧侶二例（いずれも厚岸の国泰寺）である。墓誌を持つ割合は約六パーセントで、松前の約〇・二パーセントに比べても非常に高い。墓誌の保有率が高いのは、ただでさえ墓誌を好む武士や僧侶の墓石が多いことに加え、彼らが遠い異郷の地での死という墓誌に刻むに値するライフヒストリーを持つためと考えられよう。なお、辞世・追善の詩句に関しては、増毛町潤澄寺にあるマシケ元陣屋大将小瀬源四郎の墓石に刻まれた墓誌のなかにある秋田久保田藩校明徳館教授の平元徳（謹斉）の撰文になる四言三十四句からなる漢詩が唯一である。

## 経済的進出と政治的進出

墓石に記された蝦夷地での死亡者を、幕府関係者、東北諸藩の北方警備関係者、僧侶、民間人、その他・不明に分け、一〇年単位で、被供養者（死者）数の変遷を検討した（図81）。蝦夷地では蝦夷三官寺が建てられる前から墓石が建てられていた。一八世紀には墓石造立はきわめて低調だが、西蝦夷地は漁場の支配人層を含む民間人によって、東蝦夷地は幕府関係者によって墓石が建てられていた。西蝦夷地への和人の進出が主に漁場の拡大という経済的理由によるのに対して、東蝦夷地への和人の進出は蝦夷地警備という政治的理由によるところが大きい。

享和二年（一八〇二）の東蝦夷地の幕府直轄地化（永上知）や文化三年（一八〇六）の弘

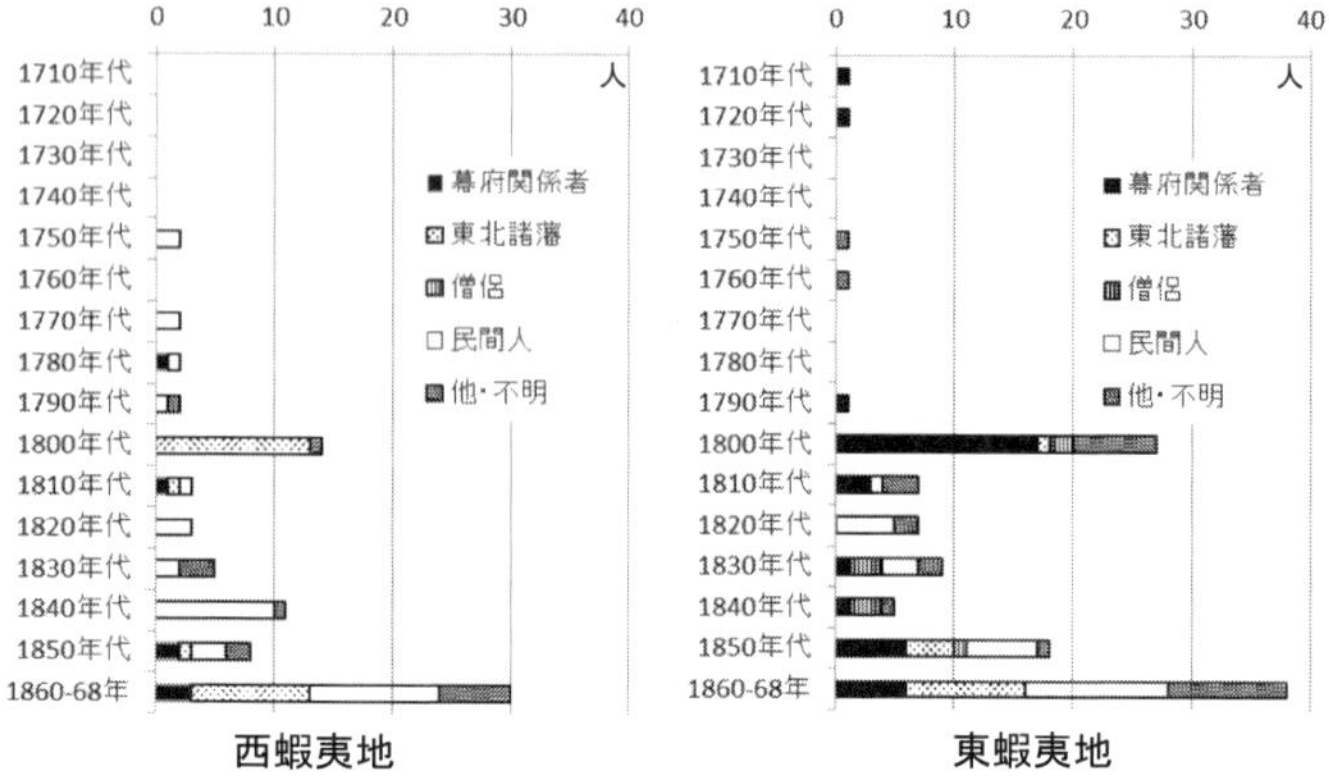


図81　蝦夷地における被供養者数の変遷

前・盛岡藩への西蝦夷地警備命令、翌年の松前・西蝦夷地一円の幕府直轄地化などにより、東西蝦夷地ともに一八〇〇年代には墓石が急増加する。一八〇〇年代には、西蝦夷地では利尻島や宗谷護国寺跡に残る樺太《からふと》・宗谷・利尻の警固に当たった会津藩関係者の墓石、東蝦夷地では伊達市有珠善光寺や苫小牧市勇払、むかわ町永安寺などに残る、寛政一二年（一八〇〇）に勇武津（苫小牧市勇払）に入植した八王子千人同心関係者の墓石が目立つ。

一八一〇年代以降は東蝦夷地でも民間人の墓石が建てられるようになる。安政二年（一八五五）に行われた蝦夷地再上知と箱館開港により、一八五〇代には、東西蝦夷地ともに再び幕府関係者や東北諸藩の北方警備関係者の墓石が建てられるようになり、一八六〇年代には民間人も含め、被供養者数は一挙に増加する。

蝦夷地の墓石から、一九世紀に進められた蝦夷地の政治的内国化が、一八〇〇年代と一八六〇年代に大きく進展したことや、東蝦夷地は幕府（箱館奉行所）主導で、西蝦夷地は幕府の命を受けた東北諸藩が大きな役割を果たしたことが読み取れるのである。

# 「墓石文化」を考える——エピローグ

## 江戸時代に墓石が普及した理由

二〇〇六年の大晦日、第五七回NHK紅白歌合戦でテノール歌手の秋川雅史さんが歌った「千の風になって」は、その後ミリオンヒットになった。歌詞のもとになったのはアメリカの詩「Do not stand at my grave and weep（私のお墓の前に佇み、嘆かないで）」である。歌の大ヒットに伴い、墓石を巡る議論が起きた。特に問題とされたのは、二行目の「I am not there, I do not sleep.（私はそこにはいない、眠ってなんかいない）」である。仏教史家の松尾剛次氏は、「この歌詞は石塔（墓）を立てて、盆や彼岸にそれに参る、われわれの葬礼習俗への挑戦ともいえるもの」（『葬式仏教の誕生』平凡社新書六〇〇、二〇一一年）と厳しく批判した。

「千の風になって」がヒットした背景には、樹木葬や散骨への関心の高まりがある。少子化によって多くの人々が伝統的な家族墓の維持管理に限界を感じるなか、墓石無用論が浸透しつつある（黒田麻由子『墓石の下には眠らない』朝日新書一五一、二〇〇八年）。

本書は、墓石が全国的に普及し、今日につながる「墓石文化」が生まれた江戸時代に焦点を当て、墓石から江戸時代の実像を読み解くことを試みた。この作業を通して江戸時代に墓石が普及したいくつかの理由が見えてきた。

理由1　直系家族からなる世帯の形成
理由2　儒教思想に基づく祖先祭祀の浸透
理由3　寺檀制度の確立
理由4　読み書きの普及に伴う文字文化の成熟
理由5　海上交通網の整備による石材の遠距離輸送の実現
理由6　石工《いしく》の全国的拡散

江戸前期に生じた1と2が家族墓の形成を促し、そこに3が作用することで墓石が普及する発端となった。さらに江戸中期以降4〜6の条件が整うことで、墓石文化の裾野が社会的・地域的に広がった。1と2が墓石を建てる内的要因だとすれば、3〜6はそれを後押しする外的要因と捉えることもできよう。

家業の世襲を前提とした江戸時代には、人々は生まれてから死ぬまで一生を通して家という枠組みのなかで生きていた。現代を生きる私たちと違って、家を守ることと生きることはおそらく同義に近かったであろう。祖先から受け継いだ家をいかに子や孫に引き渡すかが人生最大の課題であった。そこに儒教による忠孝の精神が加わることで、祖先祭祀が熱を帯びることになる。視覚的効果の高い墓石はその祖先祭祀にうってつけの装置であった。墓石は江戸初期には一握りの人々のものでしかなかったが、家族墓の普及により江戸後期には庶民でもごく当たり前に墓石を建てるようになった。墓石を持つことが社会的に一人前と見なされるための暗黙の条件の一つになっていたのではなかろうか。

身分制社会の江戸時代には死者も生前の身分により序列化された。そしてそれを最も視覚的に示すのが墓石なのである。同じ宗派のなかでは戒名《かいみょう》が身分秩序に合わせて厳格に決められていたのに対して、公的な場で苗字を名乗ることが許されていない人々も墓石に苗字を刻むことが黙認されているのは、墓石による死者の序列化と矛盾するようで興味深い。

また大名から庶民に至るまで、墓石を建てる際には同時代を生きる人々との関係性のなかで分をわきまえるとともに、先祖の墓石との釣り合いをとる必要があった。近世史家の深谷克己氏は、遺訓や家訓、辞世・自死に関する記録を通して、江戸時代は「死者が生者を動かす時代」であり「死者と生者が昵懇な時代」と指摘した（『死者のはたらきと江戸時代』吉川弘文館歴史文化ライブラリー三七一、二〇一四年）。遺訓や家訓など死者が生者を「支配する」方法はさまざまだが、なかでも耐久性に富み、視覚的効果の高い墓石は、幾世代にもわたり、現世を生きる人々に大きな影響を与え続けた。

## 墓石の考古学

さまざまな社会現象のなかでも葬墓制は最も変化しにくい、言い換えれば、きわめて伝統が重んじられる分野の一つといえよう。しかし、現代日本ではその最も変わりにくい部分が大きく揺らいでいる。現在私たちの身の回りで進行している急速な葬墓制の変化のなかでも、無縁墓の拡大、墓石の多様化、墓石のない墓や合葬墓の急増など、墓石に関する変化は、墓石自体が人目につきやすいがゆえに、余計目立つ。

私たち現代日本人の多くは墓には墓石があって当たり前と思っているが、他の国や室町時代以前の日本を想像すれば分かるように、それは墓の一つの在り方にすぎない。戒名を刻んだ墓石は、空間的には日本、時間的には江戸時代以降に限定される文化現象なのである。

人口減少に歯止めがかからない限り、新たに建てられる墓石は減り、逆に無縁墓として処分される墓石は増えるため、墓石の減少は今後加速度的に進むであろう。江戸時代に始まる墓石の文化伝統がこの先衰退に向かうのは間違いない。数百年後、墓石は完全に考古遺物と化し、未来の考古学者が「古墳文化」と同じように「墓石文化」という言葉を使う時が来るであろう。そして墓石が急激に減少・衰退に向かいつつある二一世紀は、「墓石文化晩期」ないし「墓石文化終末期」と呼ばれるはずである。

考古学を専門とする筆者は、過去の物質文化を通して、歴史に名前を残すことのなかった普通の人々の歴史研究を志している。墓は彼らが現世に残した生きた証《あかし》である。本書で述べたとおり、江戸時代については、墓をわざわざ発掘しなくとも、地上に残る墓石からさまざまな人々の情報を読み取ることができる。開発により破壊されてしまう危険性のある遺跡について事前に発掘調査を行って記録に残すように、無縁墓として片づけられてしまう前に、少しでも多くの江戸時代の墓石の調査を行い、かつてこの世に生を受けた人々の痕跡を記録保存したいとの思いが強い。江戸時代も現在も、歴史に名を残すようなごく一部の人を除き、ほとんどの人々は、死後百年もすれば忘れ去られ、墓石だけが唯一その人が生きていた証になる。その墓石がなくなることは、「第二の死」を意味する。

一つ一つの墓石から得られる情報にさほど大きな歴史的意味はないかもしれないが、それが数千・数万と集まった時、歴史の真実の姿が浮かび上がってくる。本書が江戸時代を生きた人々の姿を蘇らせるとともに、大多数を占める無縁仏の供養につながるとすれば望外の喜びである。

# あとがき

弘前大学に赴任した二〇〇一年から、ほぼ毎年のように夏休みは学生と江戸時代の墓石の調査を続けてきた。夏の本番に向けて、前期の授業では実習の時間を割いて弘前市内のお寺の境内で墓石調査の練習を重ねてきた。始めたばかりの頃は墓参りに訪れた方から多少不審な目で見られたものの、回を重ねるにつれ、「今年もご苦労様」と声をかけられるまでになった。

学生といっしょに行ってきた墓石の悉皆《しっかい》調査は、青森県からスタートし、日本海に沿って北海道、福井県へと拡大した。手弁当で始めた墓石調査は、二〇〇七年から科学研究費の補助を受けて進めることができた。これまでに行った悉皆調査は次のとおりである。

・青森県弘前市・黒石市・鰺ヶ沢町（二〇〇四〜〇六年）調査数七三二八基（一万二九一一人分）

・北海道松前町（二〇〇七〜〇九年）調査数五六二九基（一万一八六二人分）【基盤研究B（課題番号一九三二〇一二三）「近世墓と人口史料による社会構造と人口変動に関する基礎的研究」】

・北海道江差町（二〇一〇年）調査数五四〇基（九三八人分）【基盤研究A（課題番号二二二四二〇二四）「中近世北方交易と蝦夷地の内国化に関する研究」】

・北海道函館市（二〇一一年）調査数九二六基（二四〇四人分）【同右】

・福井県坂井市三国町（二〇一四年）調査数三三八〇基（九八四九人分）【基盤研究A（課題番号二六二四四〇四四）「石造物調査に基づく新たな中近世史の構築」】

・福井県敦賀市（二〇一五年）調査数一八七七基（六二六五人分）【同右】

・福井県小浜市（二〇一六・一七年）調査数一万一一五五基（一万七六五六人分）【同右】

これらの組織的調査に併行して、二〇一〇〜一二年には一人で北海道の沿岸を一周し、蝦夷地《えぞち》の墓石一六二基（一九八人分）の調査を行った。加えて石廟《せきびょう》や大名墓の調査のため北は北海道から南は沖縄県まで各地の墓地を訪ね歩いた。

本書を執筆するにあたり、これまでに調査した墓石の数を改めて確認したところ、悉皆調査分だけで、合計三万九八八基、被供養者数にして六万二一八三人にもなっていた。

真夏の照りつける陽射しや雨風に身をさらし、草木に覆われた墓地で藪を切り払いながら、蚊や虻に悩まされつつ、学生たちは朝から夕方まで黙々と墓石の調査を行った。夜は夜で、その日に調査した墓石の写真の整理が待っていた。現地調査終了後も後期のゼミナール発表に間にあわせるため、休む暇なく調査カードのデータをパソコンに入力し、集計・分析に取り組んだ。最初のうちは古い墓石に全く関心を示さなかった学生も、夏の野外調査を経験した後は、誰かが「最近、どこに行っても無意識のうちに墓石に目が行くんだよね」と話すと、それを聞いていた別の学生から「えっ、私もそうなんだよね」という答えが返ってくるようになる。近頃は、毎年のように交わされるそうした会話を聞くのが楽しみになってきた。

野外調査には弘前大学だけでなく、早稲田大学・筑波大学・東北芸術工科大学・滋賀県立大学・奈良大学・立命館大学からも多くの学生が参加してくれた。本書で使用した膨大な墓石のデータは、そうした学生の直向きな取り組みから得られたものである。改めて調査にご理解とご協力いただいた寺院の関係者や科研の共同研究者とともに、調査参加者全員にも深く感謝申し上げたい。

本書の編集にあたって吉川弘文館の伊藤俊之氏と永田伸氏に大変お世話になった。

最後に、よそ様のお墓には足しげく通う一方で、自分の家のお墓にはなかなか足が向かない日頃の不孝を詫びるとともに、感謝の意を込めて本書を私自身につながる全てのご先祖様に捧げたいと思う。

二〇一七年一一月

関根達人

著者紹介

一九六五年、埼玉県に生まれる
一九九一年、東北大学大学院文学研究科博士前期課程修了
現在、弘前大学人文社会科学部教授、博士（文学）

主要編著書

『あおもり歴史モノ語り』（無明舎出版、二〇〇八年）
『松前の墓石から見た近世日本』（編、北海道出版企画センター、二〇一二年）
『中近世の蝦夷地と北方交易』（吉川弘文館、二〇一四年）
『モノから見たアイヌ文化史』（吉川弘文館、二〇一六年）

歴史文化ライブラリー
464

墓石が語る江戸時代
大名・庶民の墓事情

二〇一八年（平成三十）四月一日　第一刷発行

著　者　関《せき》根《ね》達《たつ》人《ひと》
発行者　吉川道郎
発行所　株式会社 吉川弘文館
東京都文京区本郷七丁目二番八号
郵便番号一一三―〇〇三三
電話〇三―三八一三―九一五一〈代表〉
振替口座〇〇一〇〇―五―二四四
http://www.yoshikawa-k.co.jp/
印刷＝株式会社 平文社
製本＝ナショナル製本協同組合
装幀＝清水良洋・柴崎精治


ISBN978-4-642-05864-3

歴史文化ライブラリー

1996. 10

---

## 刊行のことば

現今の日本および国際社会は、さまざまな面で大変動の時代を迎えておりますが、近づきつつある二十一世紀は人類史の到達点として、物質的な繁栄のみならず文化や自然・社会環境を謳歌できる平和な社会でなければなりません。しかしながら高度成長・技術革新にともなう急激な変貌は「自己本位な刹那主義」の風潮を生みだし、先人が築いてきた歴史や文化に学ぶ余裕もなく、いまだ明るい人類の将来が展望できていないようにも見えます。このような状況を踏まえ、よりよい二十一世紀社会を築くために、人類誕生から現在に至る「人類の遺産・教訓」としてのあらゆる分野の歴史と文化を「歴史文化ライブラリー」として刊行することといたしました。

小社は、安政四年（一八五七）の創業以来、一貫して歴史学を中心とした専門出版社として書籍を刊行しつづけてまいりました。その経験を生かし、学問成果にもとづいた本叢書を刊行し社会的要請に応えて行きたいと考えております。

現代は、マスメディアが発達した高度情報化社会といわれますが、私どもはあくまでも活字を主体とした出版こそ、ものの本質を考える基礎と信じ、本叢書をとおして社会に訴えてまいりたいと思います。これから生まれでる一冊一冊が、それぞれの読者を知的冒険の旅へと誘い、希望に満ちた人類の未来を構築する糧となれば幸いです。

吉川弘文館

# 歴史文化ライブラリー

## 近世史

江戸の政権交代と武家屋敷――岩本　馨
江戸の町奉行――南　和男
江戸御留守居役 近世の外交官――笠谷和比古
検証 島原天草一揆――大橋幸泰
大名行列を解剖する 江戸の人材派遣――根岸茂夫
江戸大名の本家と分家――野口朋隆
赤穂浪士の実像――谷口眞子
〈甲賀忍者〉の実像――藤田和敏
江戸の武家名鑑 武鑑と出版競争――藤實久美子
江戸の出版統制 弾圧に翻弄された戯作者たち――佐藤至子
武士という身分 城下町萩の大名家臣団――森下　徹
旗本・御家人の就職事情――山本英貴
武士の奉公 本音と建前 江戸時代の出世と処世術――高野信治
宮中のシェフ、鶴をさばく 江戸時代の朝廷と庖丁道――西村慎太郎
馬と人の江戸時代――兼平賢治
犬と鷹の江戸時代 〈犬公方〉綱吉と〈鷹将軍〉吉宗――根崎光男
紀州藩主 徳川吉宗 明君伝説・宝永地震・隠密御用――藤本清二郎
近世の巨大地震――矢田俊文
江戸時代の孝行者 「孝義録」の世界――菅野則子
死者のはたらきと江戸時代 遺訓・家訓・辞世――深谷克己
近世の百姓世界――白川部達夫
闘いを記憶する百姓たち 江戸時代の裁判学習帳――八鍬友広
江戸の寺社めぐり 鎌倉・江ノ島・お伊勢さん――原　淳一郎
江戸のパスポート 旅の不安はどう解消されたか――柴田　純
〈身売り〉の日本史 人身売買から年季奉公へ――下重　清
江戸の捨て子たち その肖像――沢山美果子
江戸の乳と子ども いのちをつなぐ――沢山美果子
歴史人口学で読む江戸日本――浜野　潔
それでも江戸は鎖国だったのか オランダ宿 日本橋長崎屋――片桐一男
エトロフ島 つくられた国境――菊池勇夫
江戸時代の医師修業 学問・学統・遊学――海原　亮
江戸の流行り病 麻疹騒動はなぜ起こったのか――鈴木則子
江戸幕府の日本地図 国絵図・城絵図・日本図――川村博忠
都市図の系譜と江戸――小澤　弘
江戸の地図屋さん 販売競争の舞台裏――俵　元昭
墓石が語る江戸時代 大名・庶民の墓事情――関根達人
近世の仏教 華ひらく思想と文化――末木文美士
江戸時代の遊行聖――圭室文雄
松陰の本棚 幕末志士たちの読書ネットワーク――桐原健真
龍馬暗殺――桐野作人
幕末の世直し 万人の戦争状態――須田　努

## 歴史文化ライブラリー

幕末の海防戦略 異国船を隔離せよ――上白石 実
幕末の海軍 明治維新への航跡――神谷大介
江戸の海外情報ネットワーク――岩下哲典
黒船がやってきた 幕末の情報ネットワーク――岩田みゆき
幕末日本と対外戦争の危機 下関戦争の舞台裏――保谷 徹

### 近・現代史

五稜郭の戦い 蝦夷地の終焉――菊池勇夫
幕末明治 横浜写真館物語――斎藤多喜夫
水戸学と明治維新――吉田俊純
大久保利通と明治維新――佐々木 克
旧幕臣の明治維新 沼津兵学校とその群像――樋口雄彦
維新政府の密偵たち 御庭番と警察のあいだ――大日方純夫
京都に残った公家たち 華族の近代――刑部芳則
文明開化 失われた風俗――百瀬 響
西南戦争 戦争の大義と動員される民衆――猪飼隆明
大久保利通と東アジア 国家構想と外交戦略――勝田政治
明治の政治家と信仰 クリスチャン民権家の肖像――小川原正道
文明開化と差別――今西 一
アマテラスと天皇 〈政治シンボル〉の近代史――千葉 慶
大元帥と皇族軍人 明治編――小田部雄次
明治の皇室建築 国家が求めた〈和風〉像――小沢朝江
皇居の近現代史 開かれた皇室像の誕生――河西秀哉
明治神宮の出現――山口輝臣
神都物語 伊勢神宮の近現代史――ジョン・ブリーン
日清・日露戦争と写真報道 戦場を駆ける写真師たち――井上祐子
博覧会と明治の日本――國 雄行
公園の誕生――小野良平
啄木短歌に時代を読む――近藤典彦
鉄道忌避伝説の謎 汽車が来た町、来なかった町――青木栄一
軍隊を誘致せよ 陸海軍と都市形成――松下孝昭
家庭料理の近代――江原絢子
お米と食の近代史――大豆生田 稔
日本酒の近現代史 酒造地の誕生――鈴木芳行
失業と救済の近代史――加瀬和俊
近代日本の就職難物語 「高等遊民」になるけれど――町田祐一
選挙違反の歴史 ウラからみた日本の一〇〇年――季武嘉也
海外観光旅行の誕生――有山輝雄
関東大震災と戒厳令――松尾章一
激動昭和と浜口雄幸――川田 稔
昭和天皇とスポーツ 〈玉体〉の近代史――坂上康博
昭和天皇側近たちの戦争――茶谷誠一
大元帥と皇族軍人 大正・昭和編――小田部雄次

## 歴史文化ライブラリー

- 海軍将校たちの太平洋戦争——手嶋泰伸
- 植民地建築紀行 満洲・朝鮮・台湾を歩く——西澤泰彦
- 稲の大東亜共栄圏 帝国日本の〈緑の革命〉——藤原辰史
- 地図から消えた島々 幻の日本領と南洋探検家たち——長谷川亮一
- 日中戦争と汪兆銘《おうちょうめい》——小林英夫
- 自由主義は戦争を止められるのか 芦田均・清沢洌・石橋湛山——上田美和
- モダン・ライフと戦争 スクリーンのなかの女性たち——宜野座菜央見
- 彫刻と戦争の近代——平瀬礼太
- 軍用機の誕生 日本軍の航空戦略と技術開発——水沢 光
- 首都防空網と〈空都〉多摩——鈴木芳行
- 帝都防衛 戦争・災害・テロ——土田宏成
- 陸軍登戸研究所と謀略戦 科学者たちの戦争——渡辺賢二
- 帝国日本の技術者たち——沢井 実
- 〈いのち〉をめぐる近代史 堕胎から人工妊娠中絶へ——岩田重則
- 強制された健康 日本ファシズム下の生命と身体——藤野 豊
- 戦争とハンセン病——藤野 豊
- 「自由の国」の報道統制 大戦下の日系ジャーナリズム——水野剛也
- 敵国人抑留 戦時下の外国民間人——小宮まゆみ
- 銃後の社会史 戦死者と遺族——一ノ瀬俊也
- 海外戦没者の戦後史 遺骨帰還と慰霊——浜井和史
- 学徒出陣 戦争と青春——蜷川壽惠
- 〈近代沖縄〉の知識人 島袋全発の軌跡——屋嘉比 収
- 沖縄戦 強制された「集団自決」——林 博史
- 原爆ドーム 物産陳列館から広島平和記念碑へ——頴原澄子
- 戦後政治と自衛隊——佐道明広
- 米軍基地の歴史 世界ネットワークの形成と展開——林 博史
- 沖縄 占領下を生き抜く 軍用地・通貨・毒ガス——川平成雄
- 昭和天皇退位論のゆくえ——冨永 望
- ふたつの憲法と日本人 戦前・戦後の憲法観——川口暁弘
- 団塊世代の同時代史——天沼 香
- 鯨を生きる 鯨人の個人史・鯨食の同時代史——赤嶺 淳
- 丸山真男の思想史学——板垣哲夫
- 文化財報道と新聞記者——中村俊介

### 文化史・誌

- 落書きに歴史をよむ——三上喜孝
- 霊場の思想——佐藤弘夫
- 跋扈《ばっこ》する怨霊 祟りと鎮魂の日本史——山田雄司
- 将門伝説の歴史——樋口州男
- 藤原鎌足、時空をかける 変身と再生の日本史——黒田 智
- 変貌する清盛 『平家物語』を書きかえる——樋口大祐
- 鎌倉 古寺を歩く 宗教都市の風景——松尾剛次
- 空海の文字とことば——岸田知子

## 歴史文化ライブラリー

- 鎌倉大仏の謎 ― 塩澤寛樹
- 日本禅宗の伝説と歴史 ― 中尾良信
- 水墨画にあそぶ 禅僧たちの風雅 ― 高橋範子
- 観音浄土に船出した人びと 熊野と補陀落渡海 ― 根井 浄
- 殺生と往生のあいだ 中世仏教と民衆生活 ― 苅米一志
- 浦島太郎の日本史 ― 三舟隆之
- 〈ものまね〉の歴史 仏教・笑い・芸能 ― 石井公成
- 戒名のはなし ― 藤井正雄
- 墓と葬送のゆくえ ― 森 謙二
- 仏画の見かた 描かれた仏たち ― 中野照男
- 運 慶 その人と芸術 ― 副島弘道
- ほとけを造った人びと 止利仏師から運慶・快慶まで ― 根立研介
- 〈日本美術〉の発見 岡倉天心がめざしたもの ― 吉田千鶴子
- 祇園祭 祝祭の京都 ― 川嶋將生
- 洛中洛外図屏風 つくられた〈京都〉を読み解く ― 小島道裕
- 時代劇と風俗考証 やさしい有職故実入門 ― 二木謙一
- 化粧の日本史 美意識の移りかわり ― 山村博美
- 乱舞の中世 白拍子・乱拍子・猿楽 ― 沖本幸子
- 神社の本殿 建築にみる神の空間 ― 三浦正幸
- 古建築修復に生きる 屋根職人の世界 ― 原田多加司
- 古建築を復元する 過去と現在の架け橋 ― 海野 聡
- 大工道具の文明史 日本・中国・ヨーロッパの建築技術 ― 渡邉 晶
- 苗字と名前の歴史 ― 坂田 聡
- 日本人の姓・苗字・名前 人名に刻まれた歴史 ― 大藤 修
- 数え方の日本史 ― 三保忠夫
- 大相撲行司の世界 ― 根間弘海
- 日本料理の歴史 ― 熊倉功夫
- 吉兆 湯木貞一 料理の道 ― 末廣幸代
- 日本の味 醤油の歴史 ― 林 玲子・天野雅敏 編
- 中世の喫茶文化 儀礼の茶から「茶の湯」へ ― 橋本素子
- 天皇の音楽史 古代・中世の帝王学 ― 豊永聡美
- 流行歌の誕生 「カチューシャの唄」とその時代 ― 永嶺重敏
- 話し言葉の日本史 ― 野村剛史
- 「国語」という呪縛 国語から日本語へ、そして○○語へ ― 川口 良・角田史幸
- 柳宗悦と民藝の現在 ― 松井 健
- 遊牧という文化 移動の生活戦略 ― 松井 健
- マザーグースと日本人 ― 鷲津名都江
- 金属が語る日本史 銭貨・日本刀・鉄炮 ― 齋藤 努
- 書物に魅せられた英国人 フランク・ホーレーと日本文化 ― 横山 學
- 災害復興の日本史 ― 安田政彦

### 民俗学・人類学

- 日本人の誕生 人類はるかなる旅 ― 埴原和郎

## 歴史文化ライブラリー

倭人への道 人骨の謎を追って——中橋孝博
神々の原像 祭祀の小宇宙——新谷尚紀
女人禁制——鈴木正崇
役行者と修験道の歴史——宮家 準
鬼の復権——萩原秀三郎
幽霊 近世都市が生み出した化物——髙岡弘幸
雑穀を旅する——増田昭子
川は誰のものか 人と環境の民俗学——菅 豊
名づけの民俗学 地名・人名はどう命名されてきたか——田中宣一
番と衆 日本社会の東と西——福田アジオ
記憶すること・記録すること 聞き書き論ノート——香月洋一郎
番茶と日本人——中村羊一郎
踊りの宇宙 日本の民族芸能——三隅治雄
柳田国男 その生涯と思想——川田 稔
海のモンゴロイド ポリネシア人の祖先をもとめて——片山一道

### 世界史

中国古代の貨幣 お金をめぐる人びとと暮らし——柿沼陽平
渤海国とは何か——古畑 徹
黄金の島 ジパング伝説——宮崎正勝
琉球と中国 忘れられた冊封使——原田禹雄
古代の琉球弧と東アジア——山里純一
アジアのなかの琉球王国——高良倉吉
琉球国の滅亡とハワイ移民——鳥越皓之
魔女裁判 魔術と民衆のドイツ史——牟田和男
フランスの中世社会 王と貴族たちの軌跡——渡辺節夫
ヒトラーのニュルンベルク 第三帝国の光と闇——芝 健介
人権の思想史——浜林正夫
グローバル時代の世界史の読み方——宮崎正勝

### 考古学

タネをまく縄文人 最新科学が覆す農耕の起源——小畑弘己
農耕の起源を探る イネの来た道——宮本一夫
O脚だったかもしれない縄文人 人骨は語る——谷畑美帆
老人と子供の考古学——山田康弘
〈新〉弥生時代 五〇〇年早かった水田稲作——藤尾慎一郎
交流する弥生人 金印国家群の時代の生活誌——高倉洋彰
文明に抗した弥生の人びと——寺前直人
樹木と暮らす古代人 木製品が語る弥生・古墳時代——樋上 昇
古 墳——土生田純之
東国から読み解く古墳時代——若狭 徹
神と死者の考古学 古代のまつりと信仰——笹生 衛
土木技術の古代史——青木 敬
国分寺の誕生 古代日本の国家プロジェクト——須田 勉

## 歴史文化ライブラリー

天台仏教と平安朝文人——後藤昭雄
藤原摂関家の誕生 平安時代史の扉——米田雄介
安倍晴明 陰陽師たちの平安時代——繁田信一
平安時代の死刑 なぜ避けられたのか——戸川 点
古代の神社と祭り——三宅和朗
時間の古代史 霊鬼の夜、秩序の昼——三宅和朗

### 中世史

列島を翔ける平安武士 九州・京都・東国——野口 実
源氏と坂東武士——野口 実
熊谷直実 中世武士の生き方——高橋 修
頼朝と街道 鎌倉政権の東国支配——木村茂光
鎌倉源氏三代記 一門・重臣と源家将軍——永井 晋
鎌倉北条氏の興亡——奥富敬之
三浦一族の中世——高橋秀樹
都市鎌倉の中世史 吾妻鏡の舞台と主役たち——秋山哲雄
源 義経——元木泰雄
弓矢と刀剣 中世合戦の実像——近藤好和
騎兵と歩兵の中世史——近藤好和
その後の東国武士団 源平合戦以後——関 幸彦
声と顔の中世史 戦さと訴訟の場景より——蔵持重裕
乳母の力 歴史を支えた女たち——田端泰子
荒ぶるスサノヲ、七変化〈中世神話〉の世界——斎藤英喜
曽我物語の史実と虚構——坂井孝一
親 鸞——平松令三
親鸞と歎異抄——今井雅晴
畜生・餓鬼・地獄の中世仏教史 因果応報と悪道——生駒哲郎
神や仏に出会う時 中世びとの信仰と絆——大喜直彦
神風の武士像 蒙古合戦の真実——関 幸彦
鎌倉幕府の滅亡——細川重男
足利尊氏と直義 京の夢、鎌倉の夢——峰岸純夫
高 師直 室町新秩序の創造者——亀田俊和
新田一族の中世 「武家の棟梁」への道——田中大喜
地獄を二度も見た天皇 光厳院——飯倉晴武
東国の南北朝動乱 北畠親房と国人——伊藤喜良
南朝の真実 忠臣という幻想——亀田俊和
中世の巨大地震——矢田俊文
大飢饉、室町社会を襲う!——清水克行
贈答と宴会の中世——盛本昌広
中世の借金事情——井原今朝男
庭園の中世史 足利義政と東山山荘——飛田範夫
出雲の中世 地域と国家のはざま——佐伯徳哉
土一揆の時代——神田千里